INTRODUÇÃO AO DIREITO DA PRESTAÇÃO DE CONTAS

ANTÓNIO MENEZES CORDEIRO
Catedrático da Faculdade de Direito de Lisboa

INTRODUÇÃO AO DIREITO DA PRESTAÇÃO DE CONTAS

2008

INTRODUÇÃO AO DIREITO
DA PRESTAÇÃO DE CONTAS

AUTOR
ANTÓNIO MENEZES CORDEIRO

EDITOR
EDIÇÕES ALMEDINA. SA
Av. Fernão Magalhães, n.º 584, 5.º Andar
3000-174 Coimbra
Tel.: 239 851 904
Fax: 239 851 901
www.almedina.net
editora@almedina.net

PRÉ-IMPRESSÃO | IMPRESSÃO | ACABAMENTO
G.C. GRÁFICA DE COIMBRA, LDA.
Palheira – Assafarge
3001-453 Coimbra
producao@graficadecoimbra.pt

Abril, 2008

DEPÓSITO LEGAL
273594/08

Os dados e as opiniões inseridos na presente publicação
são da exclusiva responsabilidade do(s) seu(s) autor(es).

Toda a reprodução desta obra, por fotocópia ou outro qualquer
processo, sem prévia autorização escrita do Editor, é ilícita
e passível de procedimento judicial contra o infractor.

Biblioteca Nacional de Portugal - Catalogação na Publicação

CORDEIRO, António Menezes, 1953-

Introdução ao direito da prestação de
contas. - (Menezes Cordeiro)
ISBN 978-972-40-3447-8

CDU   347
      346
      657
      351

ADVERTÊNCIAS

O presente escrito reúne diversas intervenções académicas, particularmente no âmbito do ensino do Direito comercial e do Direito das sociedades: sistematizadas e complementadas.

As nossas obras *Manual de Direito comercial*, 2ª ed. (2007) e *Manual de Direito das sociedades*, I – *Parte geral*, 2ª ed. (2007) e II – *Das sociedades em especial*, 2ª ed. (2007), são citadas apenas pelo título, em forma abreviada.

O sistema de citações segue o usado nessas obras.

Apesar do cuidado posto na sua revisão, o Autor não assume a responsabilidade pela exactidão dos elementos legislativos: os práticos do Direito são vivamente convidados a, em cada caso, se certificarem das precisas leis em vigor.

Serpa, Fevereiro de 2008.

ÍNDICE

1. Introdução 11

CAPÍTULO I
A evolução da prestação de contas

§ 1º Das origens à codificação

2. A escrita humana 15
3. A contabilidade no Mundo Antigo 16
4. O Mundo Moderno 19
5. As codificações 21

§ 2º A experiência anglo-saxónica e a dualidade de modelos

6. A experiência anglo-saxónica 24
7. O desenvolvimento dos princípios gerais de contabilidade 26
8. A dualidade de modelos 27

§ 3º As regras internacionais da prestação de contas

9. Aspectos gerais; as IAS 29
10. As IFRS 31

§ 4º As regras europeias da prestação de contas

11. As fontes europeias 33
12. A preparação das 4ª, 7ª e 8ª Directrizes 35
13. As modificações e o reforço da revisão oficial de contas 37
14. A recepção das IAS/IFRS: as NIC 38
15. A comparação entre as NIC e os GAAP 39

CAPÍTULO II
A experiência portuguesa

§ 5º A evolução até ao Código Veiga Beirão

16. Das origens ao Marquês de Pombal 41
17. A contabilidade moderna e as reformas do Marquês 42
18. As leis de comércio liberais 44
19. O Código Comercial de 1888 46

§ 6º O papel da fiscalização das sociedades

20. O *crash* de 1891 49
21. Visconde de Carnaxide *versus* José Benevides 50
22. O Estado Novo 51

§ 7º O papel das falências

23. Tradições francesa, alemã e anglo-saxónica 56
24. A evolução portuguesa 58
25. O Código da Insolvência de 2004 60
26. Crimes relacionados com a insolvência 62

§ 8º O papel da fiscalização tributária

27. Aspectos gerais; 1929 e o lucro normal 66
28. A Contribuição Industrial e a viragem para o lucro real 68
29. As reformas dos anos 80 69

CAPÍTULO III
O Direito vigente da prestação de contas

§ 9º As funções das contas e a sua descomercialização

30. As funções das contas 71
31. Pequenos comerciantes 72
32. A exteriorização das contas 73
33. A reforma das sociedades de 2006; o fim da escrituração comercial 75

§ 10º Normas sobre a prestação de contas

34. Balanço e prestação de contas 78
35. A adopção nacional das NIC 80
36. Aspectos relacionados com a aplicação das NIC 81
37. A reforma de 2006; a viragem da prestação de contas para o Direito das sociedades ... 84

§ 11° Os princípios da prestação de contas

38. Enunciados	85
39. Os objectivos da prestação de contas	86
40. As características qualitativas; a) A relevância	87
41. Segue; b) A fiabilidade	88
42. Segue; c) A comparabilidade	89

§ 12° Os princípios contabilísticos

43. Generalidades; a) A continuidade	91
44. Segue; b) A consistência	92
45. Segue; c) A especialização (ou o acréscimo)	92
46. Segue; d) O custo histórico	93
47. Segue; e) A prudência	93
48. Segue; f) A substância sobre a forma	94
49. Segue; g) A materialidade	95
50. Concretização	95

§ 13° Regras fiscais

51. O papel da contabilidade no IRC	96
52. Obrigações contabilísticas das empresas (IRC)	97
53. O papel da contabilidade no IVA	99
54. Obrigações contabilísticas perante o IVA	100
55. Aspectos conclusivos	101

CAPÍTULO IV
A prestação de contas no Direito das sociedades

§ 14° Escopo e enquadramento dogmático

56. Generalidades; o escopo e a sua evolução	103
57. A natureza da prestação de contas	104
58. Sequência	105

§ 15° A fiscalização e o dever de prestar contas

59. Questões gerais	106
60. A prestação de contas	109
61. A informação empresarial simplificada (IES)	111

§ 16° A defesa do capital e a constituição financeira

62. Capitais próprios; a constituição financeira	113
63. A distribuição de bens aos sócios	118
64. Lucros e reservas não distribuíveis	120
65. A manutenção das reservas legais	125

§ 17° A aquisição de acções próprias

66. O problema e a sua evolução 126
67. O Direito português 130
68. As proibições 132
69. A aquisição lícita 135
70. O regime 137

§ 18° A amortização de quotas

71. Noção e problemática geral 139
72. Pressupostos; previsões legais e estatutárias 143
73. Procedimento 147
74. A contrapartida 149
75. Efeitos 151

§ 19° Aspectos mobiliários

76. Generalidades; elementos europeus 153
77. O Direito nacional 160
78. Informação auditada e normalização da informação 162

CAPÍTULO V
Perspectivas dogmáticas da prestação de contas

§ 20° O estado das questões

79. As massas normativas 163
80. Cruzamentos horizontais e verticais 164
81. Escassez e diversidade científicas 164

§ 21° Vectores programáticos

82. A construção dogmática da disciplina 166
83. Especificidades na interpretação e na aplicação 167
84. Multidisciplinariedade 168

Índice de jurisprudência 169

Índice onomástico 171

Índice bibliográfico 175

Índice ideográfico 185

1. Introdução

I. O Direito da prestação de contas corresponde ao conjunto das normas e dos princípios que regem a contabilidade, a elaboração, a apresentação, a confirmação e a certificação de contas, o relato da gestão e a fiscalização, relativamente a comerciantes ou a pessoas semelhantes a comerciantes que, legal ou livremente, adoptem as inerentes práticas. Além disso – e como é habitual – o Direito da prestação de contas traduz também a disciplina jurídico-científica relativa a esse acervo normativo. Com a expressão aqui usada – Direito da prestação de contas – pretendemos exprimir o alemão *Bilanzrecht*: melhor do que Direito do balanço, uma vez que o "balanço" constitui apenas um elemento envolvido na prestação de contas. "Prestação de contas" é, de resto, a expressão consagrada, entre nós, desde o século XVIII e comummente usada nos países latinos e no (ora) omnipresente Direito anglo-saxónico. Nenhuma razão vemos para a substituir.

II. A prestação de contas surge pouco animadora, mesmo para os juristas que cultivem o Direito comercial, o Direito das sociedades ou o Direito fiscal. Apontamos três razões:

– ela usa uma terminologia especializada, cujo sentido não é o imediato: partidas dobradas, activo circulante, existências, reservas e resultados transitados, como exemplos; sem prévia iniciação, tais termos nada dizem, mesmo a juristas formados;
– ela lida com números, apresentando, mesmo em situações modestas, páginas menos atraentes para universitários formados em humanidades;
– ela acolhe siglas e conceitos anglo-americanos: IAS, IFRS, IASC, IASB, SEC, US-GAAP, também como exemplos e que, para além de incompreensíveis para leigos, parecem esconder densas florestas normativas.

12   Introdução ao Direito da prestação de contas

A tudo isto vêm somar-se reformas recentes e um fluxo importante de produção comunitária e internacional.

III. Desde já adiantamos que o Direito da prestação de contas não suscita problemas de maior: tem, simplesmente, de ser estudado, como qualquer outro sector normativo. Como veremos, a prestação de contas apresenta mesmo, em relação a qualquer outra disciplina jurídica, algumas facilidades: lida com conceitos simples e de conhecimento intuitivo e assenta em articulações extra-jurídicas, acessíveis a quem conheça a realidade empresarial. Além disso, tem poucos problemas de construção dogmática.

O Direito da prestação de contas torna-se menos claro por, sobre ele, não haver exposições cabais. Ora se acentua a contabilidade[1] – matéria muito documentada, a nível de manuais, há dois séculos – ora se sublinham os domínios europeus[2]. As exposições jurídicas têm-se ficado por algumas rubricas em manuais de Direito comercial[3]. Recentemente, por via dos cursos de mestrado leccionados na Faculdade de Direito de Lisboa, surgiram monografias excelentes, nas áreas do Direito comercial e do Direito fiscal, sobre aspectos pontuais[4].

---

[1] P. ex.: ANTÓNIO BORGES/AZEVEDO RODRIGUES/ROGÉRIO RODRIGUES, *Elementos de contabilidade geral*, 15ª ed. (1997), mais de 1000 pp., maciças.

[2] P. ex.: JOSÉ VIEIRA DOS REIS, *Os documentos de prestação de contas na CEE e a legislação portuguesa / Análise das 4ª, 7ª e 8ª Directivas da CEE sobre as sociedades comerciais* (1987).

[3] ANTÓNIO MENEZES CORDEIRO, *Manual de Direito comercial*, 2ª ed. (2007), 353 ss..

[4] Assim e a título de exemplo: MARIA DE FÁTIMA RODRIGUES CRAVO DE SAMPAIO, *Contabilização do imposto sobre o rendimento das sociedades: análise dos métodos do imposto a pagar e da contabilização dos efeitos fiscais* (2000), 217 pp., AMÂNDIO FERNANDES SILVA, *Harmonização contabilística europeia* (2003), 29 pp., e *O princípio da imagem fiel (True and fair view): da harmonização contabilística europeia ao Direito contabilístico nacional* (2006), 311 pp., BRUNO BOTELHO ANTUNES, *Da relevância dos princípios contabilísticos geralmente aceites para o Direito fiscal* (2003), 109 pp., CRISTIANA PINTO DE ALMEIDA, *O princípio da especialização de exercícios e o lucro tributável* (2003), 47 pp., VIRGÍLIO DA RESSURREIÇÃO BERNARDO ADRIANO TYOVA, *A prestação de contas nas sociedades comerciais / Sociedades anónimas* (2004), 47 pp., TOMAZ PEREIRINHA CAMEIRA, *Tratamento contabilístico do trespasse* (2005), 49 pp., MARIA AMÉLIA CARLOS, *As IAS/IFRS – International Accouting Standards –, e a realização teleológica do Direito do balanço nas sociedades abertas: a imagem verdadeira* (2005), 53 pp., OLAVO FERNANDES MAIA NETO, *Classificação e tratamento jurídico-contabilístico das despesas com investigação e desenvolvimento* (2005), 43 pp., e ANA LUÍSA FEITEIRO MAIA, *Acções próprias no contexto das normas internacionais do relato financeiro* (2006), 65 pp.

Falta-nos, todavia, uma introdução geral de tipo jurídico. Mais do que uma introdução à prestação (técnica) de contas para juristas[5] – por certo bem útil – afigura-se vantajosa uma aproximação jurídica à prestação de contas.

IV. Com efeito, a prestação de contas sofre, ainda, pelo seu habitual tratamento por não-juristas. Conceitos indeterminados usados no seu domínio e que, aí, vão procurando penosas concretizações, esquecem que a técnica de concretização de tais instrumentos está, há muito, elaborada e aprofundada noutras disciplinas normativas, sob a liderança do Direito civil[6].

Por fim: julgamos detectar, nos escritos actuais de prestação de contas, uma vertigem criacionista. Ora a prestação de contas tem raízes muito antigas. Entre nós, as exposições sistemáticas sobre prestação de contas antecederam os próprios manuais de Direito pátrio. O Direito da prestação de contas deve, pois, desenvolver-se em termos sustentados, sem esquecer as suas bases histórico-culturais.

V. O Direito da prestação de contas assume, hoje, um papel desmesurado. Toda a técnica da decisão empresarial passa pelas contas e pelos especialistas na matéria. Os grandes auditores internacionais tendem a acolher o poder que, no século XIX, pertenceu aos proprietários e, no século XX, aos gestores. Uma palavra da auditoria faz cambalear a mais sólida empresa ou mantém firme a mais exangue. Os grandes escândalos que têm motivado reformas em todo o Mundo, com relevo para a insolvência da Enron, ficaram a dever-se a ilegalidades perpetradas por auditores e cifraram-se em reforçados poderes para os mesmos auditores – supõe-se que, agora, mais enquadrados. Toda esta galáxia não se pode situar fora do Direito.

---

[5] P. ex.: PETER HOLGATE, *Accounting Principles for Lawyers* (2006), 3 ss. e, entre nós, ROGÉRIO FERREIRA, *Contabilidade para não contabilistas* (2005).

[6] Torna-se elucidativa a consulta à obra colectiva de ULRICH LEFFSON/DIETER RÜCKLE/ /BERNHARD GROSSFELD, *Handwörterbuch unbestimmter Rechtsbegriffe im Bilanzrecht des HGB* (1986), com dezenas de autores, onde, além de importantes artigos introdutórios, surgem, por ordem alfabética, os diversos conceitos indeterminados em uso no Direito da prestação de contas.

VI. Em suma: as diversas razões apontam para uma rápida recuperação, pelo Direito, da matéria da prestação de contas. Adiantamos ainda que esta, na tradição continental, deve conservar-se como uma área especializada do Direito comercial. Mesmo quando implique normas de Direito público – tal como sucede com o registo comercial ou a insolvência – a prestação de contas inclui-se, sistemática e culturalmente – no Direito privado. Usa as categorias comerciais privadas e, quando opera com conceitos próprios, fá-lo como especializações do Direito privado.

VII. O presente escrito visa constituir uma introdução ao Direito da prestação de contas. Entendemos indispensável cercar o tema dando conta da sua evolução histórica, das suas áreas activas de evolução (a fiscalização, a insolvência e a tributação) e dos elementos internacionais e europeus. Veremos, depois, o panorama nacional, as suas fontes e a sua dogmática.

CAPÍTULO I

A evolução da prestação de contas

§ 1º Das origens à codificação

2. A escrita humana

I. A escrita traduz um duplo e fundamental papel: o de permitir armazenar informações fora do cérebro humano e o de facultar a comunicação dessa informação a terceiros, no presente e no futuro. A escrita terá começado por retratar objectos concretos e, depois, ideias. Sofreu um processo de abstracção simplificante: na experiência egípcia, os hieróglifos passaram a hieráticos e, depois, a demóticos, à medida que se tornavam acessíveis e práticos. A grande revolução, devida aos fenícios, consistiu na adopção de uma escrita fonética. Surge o primeiro alfabeto, do qual deriva o nosso. O fogo terá sido a maior descoberta humana; à escrita cabe o lugar da maior invenção[7].

II. Os clássicos são unânimes em relevar que a escrita, nos seus primórdios, particularmente no que tange à escrita cuneiforme suméria, anterior à própria egípcia, visava fins contabilísticos[8]. A multiplicação de operações de comércio rapidamente ultrapassava os limites da memória humana e, por maioria de razão, da própria comprovação perante terceiros. Sinais gráficos resistentes podiam resolver o problema, ampliando a capacidade do cérebro humano. A contabili-

---

[7] Cf. o conjunto de estudos reunidos por LARISSA BONFANTE e outros, *La naissance des écritures / Du cuneiforme à l'alphabet* (ed. francesa) (1994).

[8] *Vide* JEAN-GUY DEGOS, *Histoire de la comptabilité* (1998), 7 ss..

dade e o que ela representa estarão assim na origem da grande invenção da humanidade: marcou o início da História.

3. A contabilidade no Mundo Antigo

I. A contabilidade documenta-se desde a invenção da escrita. As cidades da Mesopotâmia foram pioneiras, como foi dito. Não só se deram os passos necessários para a notação contabilística das operações comerciais, como se originaram normas jurídicas de prestação de contas. Estas serviam, além do apoio comercial, finalidades de prova de actos que retratavam. O próprio Código de Hammurabi (1800 a.C.) contém regras de prestação de contas, designadamente na hipótese de mandato comercial.

O Código de Hammurabi (ou Hammurapi) foi descoberto em Susa, em Dez.-1901 e Jan.-1902. Por oferta do Shá, conserva-se, hoje, no Louvre. Surge matéria contabilística nos seus artigos 100, 104 e 105[9], entre outros. Tomamos nota deste último, segundo a versão bilingue mesopotamo-francesa[10]:

Se um comissário (šamallûm) for negligente e não receber um documento selado relativo ao dinheiro que deu ao mercador, o dinheiro sem o documento selado não será levado à sua conta.

Portanto: não só havia um formalismo a observar como, também, este era condição de inscrição contabilística, base da ulterior eficácia.

Chegaram, até nós, muitas dezenas de milhares de tabuletas onde se registam operações comerciais de povos desaparecidos[11]: expressiva homenagem à persistência das contas, prestadas por escrito.

II. No Egipto, a prestação de contas foi intensamente praticada. A propósito da administração da casa do primeiro faraó Menas, em 3623 a.C., relata o historiador Brugsh-Rey[12]:

---

[9] EMILE SZLECHTER, *Codex Hammurapi* (1977, ed. bilingue mesapotomo-francesa), 102 ss..

[10] *Idem*, 103-104.

[11] JEAN-GUY DEGOS, *Histoire de la comptabilité* cit., 17, com indicações.

[12] *Contabilidade*, na GELB 7 (s/d), 522-532 (522/II).

§ *1° Das origens à codificação* 17

(...) os escribas, por ordem de seus senhores, descreviam em rolos lisos os numerosos factos da vida dinástica, registavam com exactidão as receitas e as despesas e tinham as suas contas em boa ordem.

A contabilidade egípcia, muito cuidada, chegou a nós em inúmeros testemunhos documentais[13]. E a própria monumentalidade da época nunca teria sido possível sem uma gestão adequada de recursos, assente em meios contabilísticos.

III. O Antigo Testamento ilustra a contabilidade entre os Hebreus. O Livro dos Números, que relata as peripécias de Moisés e do Povo a caminho da Palestina, refere diversos recenseamentos[14] e explicita regras sobre a divisão da presa[15], só possíveis com suporte contabilístico. Por seu turno, o Eclesiástico prescreve[16]:

(…) e aponta tudo o que deres e receberes (…).

IV. Na Grécia Antiga, eram organizadas contas, incluindo as do próprio Estado, que eram submetidas às assembleias[17]. As ofertas aos templos e aos santuários eram cuidadosamente contabilizadas: em Delfos surgiram placas de mármore e de calcário onde elas eram consignadas. Os banqueiros atenienses usavam dois tipos de livros:

– as efemérides, onde registavam cronologicamente as operações;
– os *trapedzikita grammata*, onde se exaravam as contas propriamente ditas.

Os banqueiros eram os trapezistas (τραπεξίτης): de trapézio (τραπεξα) mesa, onde eram realizadas as operações a contado.

V. Roma aprofundou as regras da contabilidade, delas fazendo um uso intensivo[18]. As fontes que nos chegaram estavam dispersas;

---

[13] Diversos elementos em JEAN-GUY DEGOS, *Histoire de la comptabilité* cit., 21 ss..

[14] Números 1; 3,40; 26.

[15] Números 31,25.

[16] Eclesiástico 42,7.

[17] *Vide* as obras abaixo citadas.

[18] Quanto à contabilidade e à prestação de contas em Roma, a obra clássica é, ainda hoje, a de R. BEIGEL, *Rechnungswesen und Buchführung der Römer* (1904, reimp., 1968), especialmente 63 ss..

todavia, importantes elementos recuperados em Pompeia e uma paciente reconstituição de textos permite-nos, hoje, ter um conhecimento alargado da prestação de contas romana[19]. Os elementos disponíveis mostram que os romanos usavam diversos livros de contabilidade.

Uma importante fonte do nosso conhecimento, sobre as técnicas contabilísticas, advém-nos de Cícero (106-43 a.C.), especialmente das suas alegações na segunda acção contra Verres[20]. Verres, de família poderosa e filho de senador, prestara serviço na Sicília onde, com escândalo, se apoderou, entre 73 e 71 a.C., de 40 milhões de sestércios, em rapinas de todo o tipo. Cícero tomou a sua acusação no foro, explicando, em determinado momento, como eram conduzidos os livros das contas[21].

Daí resultaria já uma relevância substantiva[22].

Na verdade, uma Administração eficaz e duradoura como a romana seria impensável sem uma normalização contabilística, num modelo que só seria alcançado, de novo, no século XIX.

Quanto aos livros de contabilidade romanos[23]:

– *libellae familiae* ou *patrimonii*, que inventariavam os bens, com fins fiscais;
– *calendarium*, para registo de créditos e juros;
– *codex rationum*, com contas de deve e haver e onde já se pretendeu ver o núcleo das partidas dobradas; tinha força probatória;
– *codex accepti et expensi*, relativo aos actos jurídicos[24];
– *adversaria*, tipo de borrão, onde eram consignadas cronologicamente as operações.

---

[19] Como obra de referência, GÉRARD MINAUD, *La compatibilité à Rome / Essai d'histoire économique sur la pensée comptable commerciale et privée dans le monde antique romain* (2005), 383 pp., com importantes indicações de fontes.

[20] Cf. a introdução de T. N. MITCHELL à ed. bilingue anglo-latina, CICERO, *Verrines*, II, 1, 2ª ed. (1917), 5 ss..

[21] M. TULLII CICERONIS, *Opera* (ed. org. ORELLII/BAITERUS/HALMIUS, Turim, 1854), II, *Actionis Secundae in C. Verrem*, II, Lib. I, Cap. XIV, § 36 (442-443) = ed. MITCHELL cit., 52-53.

[22] Cf. H. DIETZEL, *Die Commanditen-Gesellschaft und die actio Tributoria*, ZHR 2 (1859), 1-18 (7).

[23] R. BEIGEL, *Rechnungswesen und Buchführung der Römer* cit., 165 ss..

[24] Especialmente quanto a este interessante instrumento: MINAUD, *La compatibilité à Rome* cit., 119 ss..

Os cálculos romanos eram prejudicados pela numeração e pelas dificuldades que ocasionava: faltava o zero! De todo o modo, o recurso ao *abacus* permitia já fazer contas com virtuosismo.

A queda de Roma ocasionou, neste domínio como noutros, uma grave perda científico-cultural.

4. O Mundo Moderno

I. Como grande marco na evolução subsequente aponta-se Leonardo de Pisa ou Leonardo Pisano, de seu nome Leonardo Fibonacci (1170-1250). Autor do *Liber abaci* (1202)[25], Fibonacci divulgou, aí, o sistema de numeração hindú, conhecido hoje como algarismos árabes e que está na base de toda a matemática moderna[26]. Fibonacci, filho de um comerciante e que, na prática do comércio, adquiriu e desenvolveu os seus conhecimentos matemáticos, aplicou-os, no próprio *Liber abaci*, à contabilidade. Pôs, assim, termo ao período antigo da prestação de contas.

A contabilidade organizada – e os conhecimentos que ela pressupunha – eram apanágio de grandes mercadores[27]. Não havia uma prática generalizada, nem a matéria era ensinada, fora dos círculos muito estreitos onde era praticada.

II. Seguiu-se, na origem da contabilidade moderna, Frei Luca Bartolomeo de Pacioli (1445-1517), franciscano. Matemático e conhecedor da prática do comércio, Frei Luca Bartolomeo de Pacioli escreveu, em 1494, o livro *Summa de arithmetica, geometria, proportioni et proportionalita*, que inclui o capítulo *particularis de compartis et scripturis*[28], que fixou e divulgou a técnica das partidas

---

[25] LEONARDO FIBONACCI escreveu ainda outras obras, que chegaram até nós: *Pratica geometricae* (1220), *Flos* (1225) e *Liber quadratorum*.

[26] Em obra geral de tipo jurídico: HERMANN VEIT SIMON, *Die Bilanzen der Aktiengesellschaften und der Kommanditgesellschaften auf Aktien*, 4ª ed. (1910), 29.

[27] A matéria surge ilustrada em JEAN-GUY DEGOS, *Histoire de la comptabilité* cit., 38-39.

[28] Esta obra, mau grado o título latino, foi escrita inicialmente em italiano. Confrontámos duas versões: LUCA PACIOLI, *Abhandlung über die Buchaltung 1494*, trad. alemã org. BALDUIN PENNDORF (1933, reimp. 1997), com interessante introdução deste e LUCA PACIOLI, *Traité des comptes et des écritures*, ed. bilingue italiana e francesa de PIERRE JOUANIQUE,

dobradas[29] (dita, ainda, da entrada dupla ou método veneziano), de origem anterior[30].

A obra de Luca Pacioli esteve esquecida durante muitos séculos. Em 1869, a Academia de Contabilidade de Milão pediu ao Padre E. Lucchini uma conferência sobre um tema de contabilidade. Este surgiu com um incunábulo de 1494: a *summa de arithmetica*. A redescoberta é, também atribuída a Emil Ludwig Jäger, em 1868[31].

Pacioli originou, a partir de então, uma vasta literatura. Na Universidade de Seattle existe mesmo uma *Luca Pacioli Society*.

Os sucessores de Pacioli[32] retomaram a ideia, divulgando-a, lentamente, nos séculos subsequentes, já sob a influência da imprensa. As partidas dobradas, provavelmente desenvolvidas em Itália, ao longo do século XIV[33], permitiam conhecer a estrutura funcional de cada negócio, definindo precisamente os seus vértices. As partidas dobradas (entrada dupla ou *double entry*, na linguagem anglo-saxónica) assentam em seis componentes[34]: a ideia de parceiro em negócios como uma entidade contabilística; a oposição algébrica nos termos reais: para cada débito há um igual crédito; uma unidade monetária simples; uma conta de capital ou propriedade; a ideia de lucro e perda como algo assente em pontos separados; o uso de um período contabilístico.

III. As partidas dobradas permitem conhecer não apenas a relação directa entre duas pessoas – A deve a B, o que seria a "partida

---

com um subtítulo *Ouverture vers la comptabilité moderne / Titre Neuvième. Traité XI de la Summa de Arithmetica*, também com importante apresentação (1995).

[29] O termo "partidas dobradas" só se generalizou depois de 1755, após a publicação de PIETRO PAOLO SCALI, *Trattato dal modo di tenere la scritura dei mercanti a partite doppie cioè all'italiana*.

[30] Frei LUCA BARTOLOMEO DE PACIOLI escreveu ainda a célebre *De divina proportionii* (1509), ilustrada por LEONARDO DA VINCI, de quem era amigo. Existe uma edição excelente, com tradução castelhana de JUAN CALATRAVA, intr. ANTONIO M. GONZÁLEZ, LUCA PACIOLI, *La divina proporción* (1991).

[31] EMIL LUDWIG JÄGER, *Luca Paccioli und Simon Stevin* (1876).

[32] *Vide* JEAN-GUY DEGOS, *Histoire de la comptabilité* cit., 66 ss..

[33] As contas dos tesoureiros genoveses, que se conservam desde 1340, permitem ilustrar já as partidas dobradas: JEAN-GUY DEGOS, *Histoire de la comptabilité* cit., 49.

[34] GEOFFREY A. LEE, *The Development of Double Entry* (1984), confrontável na Net.

§ 1º Das origens à codificação

simples" – mas ainda a relação completa entre elas – A compra x a B o qual deve y de preço[35].

Na prática, a técnica das partidas dobradas consiste em autonomizar em contas os diversos sectores da empresa – por hipótese: caixa, carteira, matérias primas e mercadorias – e as relações com terceiros. Assim, quando venda uma mercadoria, o comerciante credita a conta "mercadorias", credora do preço e debita a conta do comprador, devedor dessa mesma importância. Quando este pague, a sua conta é creditada e debitada a da caixa. Caso compre, o comerciante debita a conta mercadorias e credita a do fornecedor; quando revenda a um preço superior ao preço de compra, o preço de revenda é dividido em duas parcelas: a correspondente ao preço de compra é levada a crédito da conta mercadorias; a correspondente à diferença é levada a crédito da conta "resultados".

Uma vez entendido, este processo é muito simples. Dá uma imagem contínua da situação do comércio e permite, com facilidade, detectar erros e corrigi-los.

IV. Como pressupostos da contabilidade temos: a propriedade privada, o capital, o crédito, a escrita, o dinheiro e a aritmética.

À medida que todos estes aspectos se foram generalizando pelo Mundo, a contabilidade acompanhou-os. Segue, sempre, a civilização.

5. As codificações

I. No Continente europeu, o sistema das partidas dobradas alargou-se à França, à Alemanha e, mais tarde, aos países periféricos[36]. O centralismo francês levou à sua recuperação pelo Estado. Os códigos Savary (século XVII), o iluminismo e, depois, o Código do Comércio de Napoleão, vieram fixar algumas regras. Quanto à ordenação contabilística: o Estado adstringiu os comerciantes à observância de certas regras, fixando-as em lei.

---

[35] JACQUES MESTRE/MARIE-EVE TIAN-PANCRAZI, *Droit commercial*, 24ª ed. (1999), 145-146, donde é retirada a explicação subsequente. *Vide* CLAUS-WILHELM CANARIS, *Handelsrecht*, 23ª ed. (2000), 277, NORBERT WINKELJOHANN/BURCKHARD KLEIN, no *Beck'scher Bilanz-Kommentar / Handbuch und Steuerbilanz*, 6ª ed. (2006), § 328, Nr. 77 (15) e HARALD, *Bilanzrecht / Kommentar zu den §§ 238 bis 34a HGB* (1999), § 238, Nr. 24 (3).

[36] HERMANN VEIT SIMON, *Die Bilanzen,* 4ª ed. cit., 31 ss..

As regras em causa e os elementos delas resultantes tinham, ainda, finalidades tributárias[37]. As empresas unificam a sua contabilidade a qual, em simultâneo, visa os objectivos tradicionais da prestação de contas e prossegue a finalidade do apuramento da riqueza, para efeitos de punção fiscal.

A primeira obra de contabilidade publicada em francês é a de Pierre de Savonne, *Instruction et manière de tenir livres de raison et de comptes par parties doubles* (1567), várias vezes reeditado. Embora criticado, ele teve muita influência[38].

II. O modelo de regras codificadas é dado pela experiência francesa. Na sequência dos referidos Códigos de Savary[39], o *Code de Commerce* de 1807 inseriu a rubrica dos "livros de comércio" logo no título II do seu livro I: artigos 8° a 17°. O esquema aí previsto, retomado depois por diversos códigos comerciais, era o seguinte:

– cada comerciante devia ter:

  a) Um livro diário que apresente, em geral, tudo quanto o comerciante pague ou receba e a que título – 8°/I;

  b) Um livro copiador que registe a correspondência enviada, devendo ser guardada em maço a recebida – artigo 8°/II;

  c) Um livro de inventário onde anualmente se dê conta dos seus efeitos mobiliários e imobiliários e dos seus créditos e débitos – artigo 9°.

– esses livros deveriam estar ordenados, sendo mantidos durante dez anos – artigo 11°;

– quando regularmente elaborados, os livros de escrituração podem ser admitidos pelo juiz para fazer prova entre comerciantes e por factos comerciais – artigo 12°;

– no caso de falência, pode ser exigida a exibição em juízo – artigo 14°.

---

[37] VOLKER H. PEEMÖLLER, *Einführung in die International Accounting und Financial Reporting Standards*, no WILEY – *Kommentar zur internationalen Rechtnungslegung nach IAS/IFRS* (2005), 3-36 (4).

[38] JEAN-GUY DEGOS, *Histoire de la comptabilité* cit., 73-74.

[39] BERNHARD GROSSFELD, *Zur Geschichte des europäischen Bilanzrechts*, FS Habscheid (1989), 131-138 (135).

§ 1º Das origens à codificação

III. Na Alemanha temos, como antecedente, as leis prussianas sobre sociedades anónimas, com regras contabilísticas[40].

Também o ADHGB alemão, de 1861, inseriu normas básicas sobre a prestação de contas dos comerciantes[41]. A matéria passou, depois, aos §§ 238-342 do HGB, permanentemente revistos[42], sendo objecto de vasta literatura[43].

Este aspecto é importante, uma vez que permitiu conservar o Direito da prestação de contas da maior potência jurídica continental – a Alemanha – no campo do Direito comercial. A matéria conhece, aí, um enorme desenvolvimento jurídico-doutrinário[44].

---

[40] HERMANN VEIT SIMON, *Die Bilanzen*, 4ª ed. cit., 44 ss..

[41] H. MAKOWER, *Das allgemeine Deutsche Handelsgesetzbuch* (1864).

[42] *Vide* CHRISTIAN KIRNBERGER, *Heidelbergar Kommentar zum Handelsgesetzbuch / Handelrecht, Bilanzrecht, Steuerrecht*, 7ª ed. (2007), F vor § 278, Nr. 1a (570-571).

[43] Entre os muitos comentários, cabe referir o 4º vol. do *Münchener Kommentar zum Handelsgesetzbuch*, red. WERNER F. EBKE (2001), com 20 colaboradores e 1755 pp. de texto. A nível monográfico: PATRICK HOHL, *Private Standardsetzung im Gesellschafts- und Bilanzrecht* (2007), 126 ss..

[44] Cf., além de SIMON, *Die Bilanzen*, 4ª ed. cit.: HERMANN REHM, *Die Bilanzen der Aktiengesellschaften* (1903), 938 pp., HANS TRUMPLER, *Die Bilanzen der Aktiengesellschaft* (1950), 514 pp., e HANS ADLER/WALTER DÜRING/KURT SCHMALTZ, *Rechnungslegung und Prüfung der Aktiengesellschaft / Handkommentar*, em comentário à lei, 4ª ed., 1 (1968), 2 (1971) e 3 (1972), em mais de 2600 pp., todos com muitas indicações. Bibliografia actual já foi ou será referida.

§ 2º A experiência anglo-saxónica e a dualidade de modelos

6. A experiência anglo-saxónica

I. Perante as regras continentais codificadas da prestação de contas surge um segundo sistema, próprio dos países de *common law*. Aí, *grosso modo*, o Estado opta por apenas prever determinadas proibições, como as que vedam relatórios fraudulentos, deixando o mais à iniciativa particular[45].

O livro inglês de contabilidade mais antigo, indicado nas fontes[46], é o de Hugh Oldcastle, de 1543. Seguem-se Richard Dafforne (1634) e John Mair (1763), tendo sido marcante o *Novo sistema inglês de contabilidade*, de Edward Jones (1796), prenúncio do ensino superior dessa disciplina. Todavia, há que enfatizar o papel empresarial no desenvolvimento britânico da prestação de contas.

II. A revolução industrial, iniciada na Grã-Bretanha em meados do século XVIII, permitiu a este País manter um contínuo crescimento económico até ao século XX. Fortemente assente no comércio e nos domínios coloniais, a Grã-Bretanha distinguia-se pela eficácia das empresas. Tudo isto teve um nível contabilístico e de prestação de contas, cabendo referir Edward Thomas Jones (1767-1833), Autor da obra *English system of bookeeping by Single or Double Entry*, que tentou combinar os dois sistemas[47].

---

[45] PEEMÖLLER, *Einführung in die International Accounting* cit., Nr. 7 (4).

[46] *Contabilidade*, GELB 7, 524/II. Já se pretendeu, na obra de OLDCASTLE, que se perdeu, uma pura transcrição do tratado de PACIOLI; *vide* JEAN-GUY DEGOS, *Histoire de la comptabilité* cit., 72.

[47] *Idem*, 89.

§ 2º A experiência anglo-saxónica e a dualidade de modelos

Como exemplo, nesse domínio, é apontado Josiah Wedgwood (1730-1795), industrial da cerâmica. Perante a crise de 1770-1772, Wedgwood analisou com cuidado a própria escrituração. Optou por um sistema que lhe permitia seguir os custos dos diversos produtos, em cada ponto da sua produção, numa base semanal. Isso facultou descobrir desperdícios e inutilidades, dando azo às economias de escala. A determinação dos custos fixos permitiu-lhe determinar as vantagens da produção em grandes números. Havia que fixar "segmentos" de mercado: produtos de alto preço para certos sectores e baratos, para outros. Wedgwood sobreviveu à crise, ao contrário de outros industriais do sector.

As análises, hoje disponíveis, às empresas britânicas do século XIX permitem justamente documentar que, ao longo das crises desse período, apenas sobreviviam as unidades dotadas de esquemas adequados de prestação de contas, que permitissem reduzir custos, aumentar quotas de mercado, constituir reservas e ponderar novas iniciativas.

III. Apesar de apontado como pouco activo, o legislador britânico foi tendo intervenções importantes. O *British Companies Act* de 1844 fixou o processo de registo requerido para a aquisição da personalidade colectiva e impôs a indicação de auditores para proceder à análise anual das contas e do balanço de todas as sociedades com subscrição pública. O *Companies Act* de 1862 fixou as auditorias aos bancos e estabeleceu regras para os seus dividendos.

Datam deste período as grandes firmas de auditoria. William Deloitte abriu a sua em Londres, no ano de 1845; Samuel Price e Edwin Waterhouse, em 1894; William Cooper, em 1854; William Peat, em 1867. O *Institute of Accounting* surge, por sua iniciativa, nos anos 70 do século XIX, sendo-lhe concedido encarte real em 1880. O Instituto e os contabilistas encartados sedimentaram a profissão.

IV. A tradição britânica comunicou-se aos então jovens Estados Unidos da América. Perante as dimensões continentais desse País, as grandes companhias ferroviárias (Union Pacific e Central Pacific), do aço (Carnegie Steel), químicas (Du Pont), desenvolveram esquemas contabilísticos sofisticados, capazes de retratar as fases dos negócios envolvidos em todas as dimensões. Chegou-se a relatórios diários, depois apoiados pelos meios permitidos pela electricidade. A experiência adquirida transitou para a General Motors (1920), tendo Donaldson Brown desenvolvido um moderno sistema de contas, capaz de permitir a gestão de negócios contínuos de grande porte.

Os estudiosos chamam ainda a atenção para o facto de, nos Estados Unidos – e ao contrário do que sucedia na Europa aristocrática – a contabilidade ser uma actividade socialmente considerada e prestigiada. Trata-se de mais uma peça cultural que contribuiu para o êxito do Novo Mundo.

V. Tudo isto tem, subjacente, o estabelecimento de sistemas privados de prestação de contas, aperfeiçoados no terreno perante as concretas necessidades das empresas, dos mercados e do preciso momento histórico atravessado. Mas tem outros pressupostos: uma cultura empresarial elevada, prestadores de serviços letrados e capazes de inovar, uma mentalidade progressista no sentido próprio do termo e uma população livre, bem tratada e com largas manchas de prosperidade.

Os sistemas de contabilidade assim desenvolvidos são empresariais. Não correspondem ao que o Estado estabeleça, com fins fiscais e que traduz uma segunda ordem de regras contabilísticas: regras contabilístico-fiscais.

7. O desenvolvimento dos princípios gerais de contabilidade

I. Um dado importante no domínio da experiência anglo-americana reside no tipo de financiamento usado pelas empresas norte-americanas: o recurso ao mercado de capitais, enquanto as sociedades europeias continentais se financiam junto da banca[48]. Daí resulta que as contas norte-americanas devam corresponder não apenas a exigências internas, mas ainda aos requisitos do mercado, de modo a manter informados os investidores.

---

[48] PEEMÖLLER, *Einführung in die International Accounting* cit., Nr. 13 (5).

§ 2° A experiência anglo-saxónica e a dualidade de modelos

II. Nessa linha, estabeleceu-se o princípio da abertura ou do pleno conhecimento (*Full Disclosure Principle*), de modo a que o público interessado possa conhecer a realidade subjacente. O mercado de capitais sujeita-se à supervisão da SEC (*Securities and Exchange Commission*), dotada de poderes reguladores que, na prática, não usa. Na Grã-Bretanha, a SEC não tem equivalente operando, todavia, o FRRP (*Financial Reporting Review Panel*), que pode agir perante irregularidades.

III. As empresas que pretendam ser admitidas à cotação em Wall Street seguem, na prestação de contas, os GAAP ou US-GAAP: *Generally Accepted Accounting Principles*, preparados e revistos pelo FASB ou *Federal Accounting Standard Board*. A última emissão data de 2006.

8. A dualidade de modelos

I. Os expostos condimentos históricos levam a uma dualidade de modelos, depois marcados por inúmeras particularidades regionais: o continental, liderado pela Alemanha e o anglo-saxónico, de origem britânica e liderado hoje pelos Estados Unidos.

Eles divergem pela filosofia básica em que assentam[49]. O sistema continental preocupa-se com a tutela dos credores. Valoriza, em especial, o património, tendo em vista os interesses dos bancos. À partida, é mais pormenorizado e rígido. Já o sistema anglo-saxónico dá um maior relevo às perspectivas dos negócios e aos interesses dos titulares (actuais ou futuros) das participações. Surge mais flexível, de modo a acompanhar a realidade[50]. De um modo geral, podemos dizer que as empresas saudáveis são subavaliadas, em termos continentais, perante os paradigmas norte-americanos.

---

[49] BERNHARD GROSSFELD, *Bilanzrecht / Jahresabschluss, Konzernabschluss, Internationale Standards*, 3ª ed. (1997), 293 ss.. *Vide*, ainda, CARSTEN P. CLAUSSEN, *So musste es Kommen! – Über die Situation des deutschen Rechnungslegungsrechts*, AG 1993, 278-280 (278).

[50] *Vide* PATRICK HOHL, *Private Standardsetzung im Gesellschafts- und Bilanzrecht* cit., 129 ss..

II. O modelo anglo-saxónico veio a interferir nas regras internacionais da prestação de contas, em termos a que faremos abaixo referência. E por essa via, elas acabaram por provocar sucessivas mudanças nos sistemas continentais. *Grosso modo*, estes têm vindo ao encontro do anglo-saxónico.

O predomínio deste último modelo ainda suscitou resistências, no Continente, nos anos 90 do século XX[51]. Com pouca eficácia. Os êxitos económicos norte-americanos e as potencialidades abertas pela globalização dos mercados levaram a um inclinar claro para o sistema anglo-saxónico: sem que isso implique a adopção dos US-GAAP, fora do seu país de origem.

---

[51] PEEMÖLLER, *Einführung in die International Accounting* cit., Nr. 15 (5).

§ 3º As regras internacionais de prestação de contas

9. Aspectos gerais; os IAS

I. A internacionalização das economias – *maxime*, a sua globalização – obriga, logicamente, a que as empresas adoptem métodos uniformes ou, pelo menos, cognoscíveis de prestação de contas: caso pretendam ocupar uma dimensão que transcenda o seu estrito espaço de origem[52].

Visando uma aproximação internacional na prestação de contas, formou-se o IASC ou *International Accounting Standards Commitee.*

O IASC, como fundação independente, foi criado em 29-Jun.-1973 por representantes dos organismos profissionais da Austrália, Canadá, França, Alemanha, Japão, México, Países Baixos, Grã-Bretanha, Irlanda e EEUU. De 1983 a 2000, os membros do IFAC (*International Federation of Accountants*), num total de 143 membros de 104 países, representando mais de dois milhões de profissionais, eram também membros do IASC[53].

II. O IASC dedicou-se ao desenvolvimento de directrizes contabilísticas internacionais ou IAS (*International Accounting Standards*). Foram, até à reforma de 2000, adoptados 41 IAS, dos quais 34 estão em vigor.

---

[52] Cf. Lars Maritzen, *Einführung in das Internationale Bilanzrecht IAS/IFRS* (2004), 1 ss. e Paul Rodgers, *International Accounting Standards / from UK standards to IAS* (2007), XI ss..

[53] Peemöller, *Einführung in die International Accounting* cit., Nr. 25 (8) e Patrick Hohl, *Private Standardsetzung im Gesellschafts- und Bilanzrecht* cit., 139 ss..

Eis a lista dos IAS em causa:

IAS 1: apresentação de demonstrações financeiras;
IAS 2: inventários;
IAS 7: demonstrações de fluxos de caixa;
IAS 8: políticas contabilísticas, alterações nas estimativas contabilísticas e erros;
IAS 10: acontecimentos após a data do balanço;
IAS 11: contratos de construção (revista em 1993);
IAS 12: impostos sobre o rendimento (revista em 2000);
IAS 14: relato por segmentos (revista em 1997);
IAS 16: activos fixos tangíveis
IAS 17: locações;
IAS 18: rédito (revista em 1993)
IAS 19: benefícios dos empregados (revista em 2002);
IAS 20: contabilização dos subsídios do Governo e divulgação de apoios do Governo (reformatada em 1994);
IAS 21: os efeitos de alterações em taxas de câmbio;
IAS 23: os efeitos de empréstimos obtidos (revista em 1993);
IAS 24: divulgações de partes relacionadas;
IAS 26: contabilização e relato dos planos de benefícios de reforma (reformatada em 1994);
IAS 27: demonstrações financeiras consolidadas separadas;
IAS 28: investimentos em associadas;
IAS 29: relato financeiro em economias hiperinflacionárias (reformatada em 1994);
IAS 31: interesses em empreendimentos conjuntos;
IAS 32: instrumentos financeiros: divulgação e apresentação;
IAS 33: Resultados por acção;
IAS 34: relato financeiro intercalar;
IAS 36: imparidade de activos;
IAS 37: provisões, passivos contingentes e activos contingentes;
IAS 38: activos intangíveis;
IAS 39: instrumentos financeiros: reconhecimento e mensuração;
IAS 40: propriedades de investimento;
IAS 41: agricultura.

III. Em 1997, o IAS criou o SIC (*Standing Interpretations Committee*): uma comissão técnica inserida no IASC e responsável pela publicação das interpretações relativas a dúvidas dos destinatários, também conhecidas como SIC.

§ 3° As regras internacionais de prestação de contas

IV. Os objectivos iniciais do IASC eram, fundamentalmente:

– impulsionar a apresentação das contas em termos de reconhecimento e de aceitação internacionais;
– assegurar a melhoria e a harmonização das diversas regras sobre prestação de contas.

10. Os IFRS

I. No dia 1-Abr.-2001 foi criado o IASB (*International Accounting Standards Board*), na estrutura do IASC e para o qual transitaram as competências técnicas do mesmo IASC. A remodelação visou melhorar a estrutura técnica da formulação das directrizes internacionais. Estas passaram a denominar-se IFRS (*International Financial Reporting Standards*).

Neste momento, foram adoptados os seguintes IFRS[54]:

IFRS 1: adopção pela primeira vez das normas internacionais de relato financeiro;
IFRS 2: pagamento com base em acções;
IFRS 3: concentrações de actividades empresariais;
IFRS 4: contratos de seguro;
IFRS 5: activos não correntes detidos para venda e unidades operacionais descontínua;
IFRS 6: exploração e avaliação de recursos minerais;
IFRS 7: instrumentos financeiros: divulgação de informações.

II. Continuando a remodelação, o SIC (*Standing Interpretations Committee*) foi alterado para IFRIC (*International Financial Reporting Interpretations Committee*), o qual passou a publicar as interpretações relativas às directrizes contabilísticas internacionais.

III. Os objectivos do IASB são, fundamentalmente:

– desenvolver, no interesse público, um conjunto de normas de prestação de contas de alta qualidade (*Global Accounting*

---

[54] Cf. Abbas Ali Mirza/Graham J. Holt/Magnus Orrell, *IFRS / Workbook and Guide* (2006), 389 pp..

Standards), orientadas para as bolsas de valores mundiais e que sejam úteis para a tomada de decisões;

– promover o uso e a aplicação rigorosos das normas;
– cooperar com as entidades de normalização contabilística dos vários países (*Accounting Standards Setting Bodies – ASSB*), com vista à convergência da normalização contabilística.

§ 4° As regras europeias da prestação de contas

11. As fontes europeias

I. A 1ª Directriz das Sociedades Comerciais[55] já havia estabelecido, no seu artigo 2°/1, *f*), o dever das sociedades de capitais publicarem o seu balanço e as suas contas. Essa publicação serviria os interesses dos terceiros que, por qualquer razão, pretendessem conhecer o estado patrimonial e as perspectivas da sociedade considerada.

Efectivamente, o cuidado vincado que as instâncias comunitárias têm no domínio das sociedades levaram-nas a reconverter a matéria da contabilidade e da prestação de contas. Tema tradicionalmente próprio do Direito comercial, ele veio a surgir no palco do Direito europeu das sociedades[56]. E aí já foi mesmo considerado como sendo o seu coração[57].

II. A publicidade requerida pela 1ª Directriz, no tocante ao balanço e às contas das sociedades, deixava patente uma lacuna no Direito comunitário. Essa publicidade só seria útil se as próprias regras relativas ao balanço e às contas das sociedades tivessem sofrido um processo de harmonização. De outro modo, os diversos elementos seriam dificilmente acessíveis a agentes estrangeiros, ainda que europeus. Além disso: estaria vedada a comparabilidade entre sociedades de países europeus diferentes. O dever de publicitar balanços e contas perderia o seu alcance prático ou, pelo menos, o essencial desse alcance.

---

[55] Ou Directriz n° 68/151, de 9 de Março; cf. o nosso *Direito europeu das sociedades* (2005), 127 ss..

[56] MATHIAS HABERSÄCK, *Europäisches Gesellschaftsrecht*, 3ª ed. (2006), § 8 (270 ss.).

[57] STEFAN GRUNDMANN, *Europäisches Gesellschaftsrecht* (2004), 226.

III. Assim surgiram, sucessivamente, as três grandes directrizes que pontuam o Direito europeu da prestação de contas:

- a 4ª Directriz, relativa à prestação de contas anuais de certas sociedades;
- a 7ª Directriz, referente às contas consolidadas;
- a 8ª Directriz, reportada à aprovação das pessoas encarregadas da fiscalização legal dos elementos contabilísticos.

Estas Directrizes – particularmente a 4ª – foram sendo objecto de diversas alterações, na busca de uma adequação crescente. Finalmente, surgiram publicados dois regulamentos:

- o Regulamento nº 1606/2002, de 19 de Julho;
- o Regulamento nº 1725/2003, de 21 de Setembro.

Ambos têm a ver com a aplicação dos IAS no espaço comunitário.

IV. Na evolução do Direito europeu da prestação de contas têm pesado o papel dos Estados Unidos[58], as exigências do mercado de capitais e da sua tutela[59] e a fatalidade de harmonização[60]. Além disso, há que lidar com a própria dinâmica das contas, arrastada por uma evolução em vários planos: o desenvolvimento do mercado de capitais, o progresso na teoria das finanças e a utilização de meios informáticos[61].

Posteriormente, a sucessão de escândalos, primeiro além-Atlântico (Enron e outros) e, depois, na Europa (Parmalat), tem levado as diversas instâncias a procurar esquemas mais fiáveis de apuramento e publicitação das contas. São de esperar novas iniciativas, tanto mais que prosseguem os escândalos: Northern Rock, com uma divida de 33,5 biliões de euros no Banco de Inglaterra, Société Générale, com uma fraude de 5 biliões de euros, em França e, segundo alguns, em Portugal, numa dimensão muito exagerada pela cumunicação social.

---

[58] VOLKER LÜHRMANN, *Bericht über die Podiums- und Plenardiskussion zum Thema Wege zu globale Bilanzierungs-Standards*, em LOTHAR SCHRUFF, *Bilanzrecht* (1996), 85-94.

[59] JOACHIM SCHULZE-OSTERLOH, *Harmonisierung der Rechnungslegung und Kapitalschutz*, *idem*, 121-134.

[60] HARALD WIEDEMANN, *Entwicklung internationaler Prüfungs-Standards*, *idem*, 149-196.

[61] STANLEY SIEGEL, *Harmonization and Change in Accouting Principles: A Comment on Some Important Changes in United States Accounting*, *idem*, 97-119 (118).

§ 4° As regras europeias da prestação de contas 35

Tudo isto depõe no sentido da internacionalização da prestação de contas[62]: para lá da própria harmonização europeia.

12. A preparação das 4ª, 7ª e 8ª Directrizes

I. A preparação da 4ª Directriz ou Directriz da prestação de contas[63] foi complexa. Os primeiros trabalhos iniciaram-se em 1965: estava-se no âmbito da preparação da 1ª Directriz e trabalhava-se, então, para um universo bastante homogéneo de seis Estados: os seis fundadores. Os especialistas deram a sua colaboração assim se chegando a um projecto, em 1967.

A primeira proposta da Comissão foi tornada pública, em 1971: ela estava, ainda, fortemente orientada de acordo com os princípios do Direito continental[64]. Com a entrada da Grã-Bretanha, da Irlanda e da Dinamarca, em 1-Jan.-1973, houve que retomar os trabalhos, surgindo nova proposta em 1974[65]. A Directriz seria, finalmente, aprovada em 25-Jul.-1978[66].

Como primeira apresentação, podemos dizer que a 4ª Directriz tem uma natureza compromissória[67]: entre o sistema alemão, estático e destinado primacialmente à protecção dos credores e o sistema anglo-saxónico, dinâmico e virado para a tutela dos investidores[68].

II. A 7ª Directriz ou Directriz das contas consolidadas[69] assentou numa primeira proposta da Comissão, de 1976, bastante próxima

---

[62] BERNHARD GROSSFELD, *Internationale Rechnungslegung/Internationalisierung als Führungsaufgabe*, em GRUNDMANN, *Systembildung und Systemlücken* (2000), 289-303.

[63] Ou *Bilanzrichtlinie*, na terminologia germânica.

[64] GRUNDMANN, *Europäisches Gesellschaftsrecht* cit., 229, com indicações.

[65] Cf. KAREL VAN HULLE, *Fortentwicklung des Europäischen Bilanzrechts aus Sicht der EU*, em LOTHAR SCHRUFF, *Bilanzrecht unter dem Einfluss internationaler Reformzwänge* (1996), 7-26.

[66] Sobre os diversos elementos, cf. GÜNTER CHRISTIAN SCHWARZ, *Europäisches Gesellschaftsrecht / Ein Handbuch für Wissenschaft* (2000), 263-264.

[67] RUDOLF J. NIEHUS, *Zur Transformation der 4.EG-(Bilanz-)Richtlinie in dem Mitgliedstaaten der Europäischen Gemeinschaft*, ZGR 1985, 536-566 (537).

[68] SCHWARZ, *Europäisches Gesellschaftsrecht* cit., 268.

[69] Os alemães, reconhecendo embora a impropriedade do termo, chamaram-lhe a *Konzernbilanzrichtlinie*.

36 *A evolução da prestação de contas*

do Direito alemão da prestação de contas dos *Konzern*[70]. A proposta levantou diversas dificuldades: vários países não tinham quaisquer regras quanto à consolidação de contas, enquanto a experiência britânica, com tradições diferentes, se contrapunha claramente à alemã. Na sua última versão, ela veio a aproximar-se mais do modelo inglês[71]. Após uma proposta alterada de 10-Dez.-1978[72], ela acabaria por ser adoptada em 13-Jun.-1983[73].

III. A 8ª Directriz ou Directriz dos Revisores Oficiais de Contas[74] veio complementar as outras duas: é evidente que, sem profissionais reconhecidamente habilitados para elaborar e certificar contas, todo o laborioso edifício das 4ª e 7ª Directrizes seria inaproveitável.

Um anteprojecto inicial surgiu nos finais de 1975. A Comissão apresentou uma primeira proposta em 24-Abr.-1978[75], seguindo-se uma proposta modificada em 1979. A Directriz final veio a ser aprovada pela Comissão em 10-Abr.-1984[76].

---

[70] SCHWARZ, *Europäisches Gesellschaftsrecht* cit., 270.

[71] MARCUS LUTTER, *Europäisches Unternehmensrecht*, 4ª ed. (1996), 207.

[72] K. VON WYSOCKI, *Zur endgültigen Fassung der 7. und 8. Eg-Richtlinie*, DB 1979, 1472-1473 (1472/II).

[73] Com elementos evolutivos, HORST ALBACH/GÜNTER KLEIN, *Die Entwicklung des europäischen Konzernrechts/Einleitender Überlick über die 7. EG-Richtlinie und ihre Beitrag zur Harmonisierung der Konzernrechnungslegung*, em ALBACH/KLEIN, *Harmonisierung der Konzernrechnungslegung in Europa* (1990), 1-9 (1 ss.).

[74] Será a designação mais adequada, em português. Em alemão usa-se *Prüferbefähigungsrichtlinie*.

[75] WOLFGANG LÜCK, *Zur Harmonisierung nationaler Rechtsvorschriften bei der Zulassung der Abschlussprüfer in der EG/Analyse des Vorschlages einer 8. EG-Richtlinie*, DB 1979, 317-324; este Autor chama a atenção para a presença de inexactidões linguísticas no projecto (ob. cit., 324/I), mas recorda as conveniências da harmonização neste domínio (ob. cit., 325/II). Ainda quanto à proposta da 8ª Directriz: VON WYSOCKI, *Zur endgültigen Fassung der 7. und 8. EG-Richtlinie* cit., 1473/I.

[76] Os locais de publicação destes elementos podem ser confrontados em SCHWARZ, *Europäisches Gesellschaftsrecht* cit., 247.

§ 4º As regras europeias da prestação de contas 37

13. As modificações e o reforço da revisão oficial de contas

I. A 4ª Directriz foi já alterada por sete vezes. Eis o quadro geral:

– 7ª Directriz do Conselho, de 13-Jun.-1983 (nº 83/349(CEE)[77];
– Directriz do Conselho, de 27-Nov.-1984 (84/569/CEE)[78];
– 11ª Directriz do Conselho, de 21-Dez.-1989 (nº 89/666/CEE)[79];
– Directriz do Conselho, de 8-Nov.-1990 nº 90/604/CEE[80];
– Directriz do Conselho, também de 8-Nov.-1990 nº 90/605/CEE[81];
– Directriz nº 94/8/CE, do Conselho, de 21-Mar.-1994[82];
– Directriz nº 1999/60/CE, do Conselho, de 17-Jun.-1999[83];
– Directriz nº 2001/65/CE, do Parlamento Europeu e do Conselho, de 27-Set.-2001[84].

II. A 7ª Directriz, por seu turno, conheceu três alterações. São elas:

– a 11ª Directriz do Conselho, de 21-Dez.-1989 (nº 89/666/CEE)[85];
– a Directriz do Conselho, de 8-Nov.-1990 nº 90/604/CEE[86];
– a Directriz do Conselho, também de 8-Nov.-1990 nº 90/605/CEE[87]; e
– a Directriz nº 2001/65/CE, do Parlamento Europeu e do Conselho, de 27-Set.-2001[88].

III. A 8ª Directriz não sofreu, até hoje, alterações. Todavia, foi apresentada, pela Comissão, ao Conselho e ao Parlamento Europeu, uma Comunicação intitulada "reforçar a revisão oficial de contas na EU", cuja divulgação se nos afigura importante[89].

---

[77] JOCE Nº L-193, 1-17, de 18-Jul.-1983.
[78] JOCE Nº L-314, 28, de 4-Dez.-1984.
[79] JOCE Nº L-395, 36-39, de 21-Dez.-1989.
[80] JOCE Nº L-317, 57-59, de 16-Nov.-1990.
[81] JOCE Nº L-317, 60-62, de 16-Nov.-1990.
[82] JOCE Nº L-82, 33-34, de 25-Mar.-1994
[83] JOCE Nº L-162, 65-66, de 17-Jun.-1999.
[84] JOCE Nº L-283, 28-32, de 27-Set.-2001.
[85] JOCE Nº L-395, 36-39, de 21-Dez.-1989.
[86] JOCE Nº L-317, 57-59, de 16-Nov.-1990.
[87] JOCE Nº L-317, 60-62, de 16-Nov.-1990.
[88] JOCE Nº L-283, 28-32, de 27-Set.-2001.
[89] Pode ser confrontado no nosso *Direito europeu das sociedades* cit., 404 ss..

14. A recepção das IAS/IFRS: as NIC

I. O Direito europeu acolheu, finalmente, as IAS/IFRS. Fê-lo através do Regulamento n° 1606/2002, de 19 de Julho de 2002, relativo às normas internacionais de contabilidade (NIC)[90]. Este Regulamento, após um elucidativo preâmbulo, veio dispor que as normas internacionais de contabilidade – as IAS/IFRS e as interpretações conexas (SIC/IFRIC) – teriam aplicação na Comunidade, mediante decisão da Comissão (3°/1). Até 31-Dez.-2002, a Comissão decidiria quanto à aplicabilidade das normas internacionais já existentes. As NIC só poderiam, todavia, ser adoptadas (3°/2):

- quando conformes com o artigo 2°/3 da Directriz n° 78/660 (a 4ª Directriz) e o artigo 16°/3 da Directriz n° 83/349 (a 7ª Directriz), que dispõem, respectivamente:

  As contas anuais devem dar uma imagem fiel do património, da situação financeira, assim como dos resultados da sociedade.

  E

  As contas consolidadas devem dar uma imagem fiel do património, da situação financeira, bem como de resultados do conjunto das empresas compreendidas na consolidação.

- quando correspondam ao interesse público europeu;
- quando satisfaçam os critérios de inteligibilidade, relevância, fiabilidade e comparabilidade requeridos pelas informações financeiras necessárias para a tomada de decisões económicas e a apreciação da eficácia da gestão.

Estas regras são importantes: retratam os grandes princípios que dão forma ao Direito europeu da prestação de contas.

II. Em execução do Regulamento n° 1606/2002, embora fora já do prazo nele fixado, surgiu o Regulamento n° 1725/2003, de 21 de Setembro. Este veio, em anexos, adoptar as diversas normas internacionais de contabilidade (NIC), que abrangem as IAS, as IFRS, as SIC e as IFRIC, bem como as alterações subsequentes adoptadas pelo IASB.

---

[90] JOCE N° L 243/1-243/4, de 11-Set.-2002.

§ *4º As regras europeias da prestação de contas* 39

Posteriormente, diversos Regulamentos vieram aditar ou alterar NIC relevantes na Europa. Temos:

- Regulamento nº 1073/2005, de 7 de Julho, relativo à IFRIC 2;
- Regulamento nº 1751/2005, de 25 de Outubro, relativo à IFRS 1, à IAS 39 e à SIC 12;
- Regulamento nº 1864/2005, de 15 de Novembro, relativo à IFRS 1 e às IAS 32 e 39;
- Regulamento nº 1910/2005, de 8 de Novembro, relativo às IFRS 1 e 6, às IAS 1, 16, 19, 24, 38 e 39 e às IFRIC 4 e 5;
- Regulamento nº 2106/2005, de 21 de Dezembro, relativo à IAS 39;
- Regulamento nº 108/2006, de 11 de Janeiro, relativo às IFRS 1, 4, 6 e 7, às IAS 1, 14, 17, 32, 33 e 39 e à IFRIC 6;
- Regulamento nº 708/2006, de 8 de Maio, relativo à IAS 21 e às IFRIC 7;
- Regulamento nº 1329/2006, de 8 de Setembro, relativo às IFRIC 8 e 9;
- Regulamento nº 610/2007, de 1 de Junho, relativo à IFRIC 10;
- Regulamento nº 611/2007, de 1 de Junho, relativo à IFRIC 11.

15. A comparação entre as NIC e os GAAP

I. Pelo curioso processo de produção normativa que consiste em acolher, através de uma fonte comunitária (o Regulamento) instrumentos normativos (as IAS/IFRS) de elaboração particular (preparados pelo IASC/IASB), a União Europeia dotou-se de uma importante massa de regras internacionais sobre prestação de contas: as NIC.

II. As NIC equivalem já a uma recepção do pensamento contabilístico anglo-saxónico. Todavia, mantiveram-se distintos dos US-GAAP[91]. Estes eram essencialmente constituídos por princípios, enquanto as NIC desciam a minúcias cada vez mais regulamentares, de modo a evitar serem contornadas[92]. Mais recentemente, os US-GAAP vieram a sofrer idêntico processo: interpretações e complementações têm vindo a ser aditadas, de modo a tornar mais densa a sua malha. Conservam-se, todavia, diferenças entre os US-GAAP e as NIC, que

---

[91] PEEMÖLLER, *Einführung in die International Accounting* cit., 5-6.
[92] *Umgehung*, a não reconduzir, *ad nutum*, à fraude à lei.

40 A evolução da prestação de contas

constituem a base para extensas listas comparativas, nas obras da especialidade[93].

III. Aquando do escândalo Enron, foi observado que as fraudes contabilísticas então verificadas se deviam à vaguidade e à indeterminação dos "princípios contabilísticos geralmente admitidos" (GAAP): perante as NIC, tal não seria possível. Realmente, a dimensão inacreditável do escândalo seria difícil de dissimular perante as NIC, ainda que se afigure arriscado afirmar uma sua imunidade perante uma coligação de administradores/auditores.

De todo o modo, na sequência do SOA (*Sarbanes-Oxley Act*) de 2002, foram solicitadas medidas ao SEC (*Securities and Exchange Commission*) no sentido de densificar os GAAP, prevenindo fraudes. O SEC preconizou, em 2003, princípios teleologicamente orientados, de modo a dificultar aplicações meramente formais. Os observadores consideram que não há leis, nem infalíveis, nem incontornáveis.

IV. O Planeta surge dividido por NIC e US-GAAP, ao que parece com vantagens para as primeiras. Significa isto que as diferenças existentes entre os diversos países se vêm, progressivamente, a esbater. As NIC já representam a recepção do espírito anglo-saxónico, em forma codificada; aguarda-se disponibilidade do SEC para prosseguir na inevitável aproximação entre ambos[94].

Se a integração mundial sobreviver às alterações climatéricas e ao esgotamento do petróleo, a língua inglesa impor-se-á, no espaço de duas gerações, como a língua universal da contabilidade. A comparabilidade não é possível perante contas prestadas em idiomas diversos.

---

[93] Assim: WOLFGANG BALLWIESER, *Vergleichende Darstellung IAS/US-GAAP/HGB*, no *WILEY-Kommentar zur internationalen Rechnungslegung nach IAS/IFRS* (2005), 1199-1233 e, capítulo a capítulo, ROBERT WINNEFELD, *Bilanz-Handbuch / Handels- und Steuerbilanz Rechtsformspezifisches Bilanzrecht, Bilanzielle Sonderfragen, Sonderbilanzen IFRS/IAS/US-GAAP*, 4ª ed. (2006), *passim*; a comparação pode ainda ser facilmente confrontada na Net, em vários sítios e, p. ex., no da Pricewaterhouse Coopers, *Similarities and Differences / A comparison of IFRS and US GAAP*, October 2006, 83 pp..

[94] PEEMÖLLER, *Einführung in die International Accounting* cit., 7.

CAPÍTULO II
A experiência portuguesa

§ 5º A evolução até ao Código Veiga Beirão

16. Das origens ao Marquês de Pombal

I. Apesar de recentes esforços sistemáticos de pesquisa, com relevo para os desenvolvidos no âmbito do Centro de Estudos de História da Contabilidade da APOTEC, não existe, reconhecidamente, uma História cabal da contabilidade em Portugal[95]. A leitura dos escritos dedicados ao tema leva-nos a pensar que, para esse estado de coisas, contribui o relativo isolamento em que vive a doutrina histórica contabilística. Parece-nos evidente que esta não pode ser isolada da evolução humanística do País e, em especial, da História do Direito.

II. Na formação da nacionalidade, os conventos, os mosteiros e bispados e as casas senhoriais, com relevo para a Casa Real, tinham, por certo, os seus esquemas de contas. A própria emissão de moeda, iniciada com D. Afonso Henriques, pressupõe registos e preocupações de adequação da receita às despesas. Sabe-se ainda que os grandes Mosteiros – Alcobaça e Lorvão, como exemplos – possuíam contabilidade organizada.

---

[95] *Vide* JOAQUIM CUNHA GUIMARÃES, *Ensino da História da contabilidade e sua actualidade em Portugal*, em *História da contabilidade em Portugal / Reflexões e homenagens* (2005), 27-54 (27 ss.), onde pode ser confrontada a bibliografia relevante.

As Ordenações referem, diversas vezes, a figura dos "contadores"[96]: algo semelhante os tesoureiros e contabilistas.

No reinado de D. João I, sabe-se que existia a figura do contador-mor, para a qual foi designado Gonçalo Rodrigues Camelo[97]. O contador-mor tinha, entre outras funções, a de verificar a correcção das contas do Rei.

III. Em meados do século XV, a contabilidade pública já permitia contrapor as receitas às despesas[98]. Tudo isso pressuporia um método e uma prática, sendo possível, segundo os comentadores, que as partidas dobradas tivessem feito a sua aparição.

A criação, por Filipe I, em 29 de Novembro de 1591, do Conselho da Fazenda, que veio centralizar a administração da Fazenda Real portuguesa[99], permitiu novas medidas contabilísticas relevantes. Infelizmente, os documentos relativos às contas da Coroa Portuguesa arderam no terramoto de 1755.

17. A contabilidade moderna e as reformas do Marquês

I. Em meados do século XVIII, a doutrina moderna da contabilidade implantou-se no País. A primeira obra contabilística nacional é apontada como a de João Baptista Bonavie, *Mercador exacto*[100] com edições em 1758, 1771 e 1779[101].

---

[96] P. ex., *Ord. Afonsinas*, Livro I, Tit. XXXXIIII = Ed. Gulbenkian, I, 238 ss. e *Ord. Filipinas*, Livro II, Tit. LII, § 5 = Ed. Gulbenkian, II e III, 484.

[97] MARIA ANTONIETA SOARES, *Contador-mor*, DHP II (1979), 172-173 (172/II). A obra clássica é, ainda hoje, a de VIRGÍNIA RAU, *A casa dos contos* (1951); *vide*, aí, 171 ss..

[98] A. H. DE OLIVEIRA MARQUES, *Fazenda pública – Na Idade Média*, DHP II (1979), 533-535 (535/I) e VIRGÍNIA RAU, *A casa dos contos* cit., 33 ss.. Clássico: ARMINDO MONTEIRO, *Do orçamento português / Teoria geral / História / Preparação*, 2 volumes (1921-22).

[99] RUI D'ABREU TORRES, *Fazenda (Conselho da)*, DHP VI (1979), 407-408 e VIRGÍNIA RAU, *A casa dos contos* cit., 87 ss.

[100] Mais completamente: JOÃO BAPTISTA BONAVIE, *Mercador exacto nos seus livros de contas, do método fácil para qualquer mercador, e outros arrumarem as suas contas com a clareza necessaria, com seu diário, pelos principios das Partidas dobradas, segundo a determinação de Sua Magestade*, Lisboa, 1758, Porto 1771 e Lisboa, 1779.

[101] Cf. JOAQUIM FERNANDO DA CUNHA GUIMARÃES, *Os primeiros livros portugueses sobre contabilidade*, em *História da contabilidade em Portugal* (2005), 509-532 (509 ss..).

§ 5° A evolução até ao Código Veiga Beirão 43

Pouco depois, um anónimo publica em Itália o livro *Tratado sobre as partidas dobradas*: uma edição em 1764, seguindo-se a segunda, em 1792[102]. Seguiram-se outras obras, ainda no século XVIII:

- João Henriques de Sousa, *Arte de escritura dobrada*, 1765;
- Delaporte, trad. de José Joaquim da Silva Perez, *Guia de comerciante e de guarda livros ou novo tratado sobre os livros de contas em partidas dobradas*, 1794;
- José Gonçalves Ramiro, *Ilustrações preliminares sobre o balanço geral no negócio com as formalidades dos livros auxiliares e gerais*, 1800.

II. O *Mercador exacto* teve com base indirecta a *Lei sobre os homens de negócios falidos*, de 13 de Novembro de 1756, e a incluir nas Ordenações, cujo § XIV dispunha[103]:

Logo que qualquer Homem de Negocio faltar de credito, se appresentará na referida Junta perante o Provedor, e Deputados della, ou no mesmo dia, em que a quebra suceder, ou ao mais tardar, no proximo seguinte: Jurando a verdadeira causa de fallencia, em que se achar, pelas perdas, ou empaes totaes, ou parciaes em que houver padecido: Entregando com as chaves do seu Escritorio, e dos livros, e papéis, que nele se acharem (...)

III. O *Mercador exacto* terá tido, como motivação próxima, os *Estatutos da Aula de Commercio*, de 19 de Abril de 1759, cujo § 15 dispunha[104]:

Ultimamente se passará a ensinar o méthodo de escrever os livros com distinção do Commercio em grosso, e da venda a retalho, ou pelo miudo, tudo em partida dobrada, ainda que com differença dos dous referidos commercios; (...)

IV. Também a Lei de 23 de Dezembro de 1761, sobre a Fazenda Pública, dispunha, no Título VI[105]:

---

[102] Anónimo, *Tratado sobre as partidas dobradas / Por meyo da qual podem aprender e arrumar as contas nos Livros, e conhecer dellas, todos os Curiozos impossibilitados de cultivar as Aulas desta importante Ciência & c.*, Turim, 1764.

[103] Confrontável na *Collecção das Leys, Decretos, e Alvaras, que comprehende o Feliz Reinado del Rey Fidelissimo D. José o I. Nosso Senhor*, tomo I (1790).

[104] Confrontável na *Collecção das Leys*, referida na nota anterior.

[105] *Idem*, tomo II (1770), também não paginado.

Cada hum dos sobreditos Contadores Geraes, terá debaixo das suas ordens, quatro Escripturarios que sejam também Pessoas dignas de confiança, e instruidas pelo menos na fórma com que se escreve limpa, e ordenadamente nos Livros mercantis pelo referido methodo de Partidas dobradas, (...)

18. As leis de comércio liberais

I. No período do liberalismo, a matéria da prestação de contas foi recuperada pelo Direito comercial. Decisivo foi, nesse sentido, o Código Comercial de 1833 ou Código Ferreira Borges. Este Código seguiu, de resto, o modelo do Código Napoleão, de 1807.

II. Dispunha o Código Ferreira Borges, no seu artigo 218º:

Todo o commerciante é obrigado a ter livros de registo de sua contabilidade e escripturação mercantil. O numero e especie de livros, e fórma de sua arrumação, é inteiramente do arbitrio do commerciante, com tanto que seja regular, e tenha os livros, que a lei especifica como necessarios.

Subsequentemente, o nosso primeiro Código Comercial obrigava:

– a ter um livro diário que apresente dia-à-dia as diversas operações – artigo 219º;
– a guardar um copiador de todas as cartas comerciais, emaçando e arquivando as cartas mandadeiras recebidas – artigo 220º;
– a dar balanço nos três primeiros meses de cada ano, lançando-o num livro com esse destino – artigo 221º.

Os livros de escrituração, devidamente arrumados, fariam prova em juízo entre comerciantes – artigo 224º. Na sua falta ou perante a sua desarrumação, a falência que sobreviesse seria considerada culposa – artigo 222º. A não apresentação dos livros, quando determinada pelo juiz, gera presunção contra o comerciante – artigo 227º. O segredo e a inviolabilidade dos livros eram garantidos – artigo 231º.

III. A Lei das Sociedades Anónimas, de 22 de Junho de 1867, continha uma importante secção VI precisamente intitulada.

**Dos inventários, balanços e contas,
fundos de reserva e dividendos.**

§ 5º A evolução até ao Código Veiga Beirão
45

A matéria era aí tratada nos artigos 30º a 34º, que passamos a consignar[106]:

Art. 30º Em todos os semestres os mandatarios das sociedades apresentarão ao conselho fiscal um resumo do balanço do activo e passivo da sociedade.

Art. 31º No fim de cada anno os mandatarios apresentarão ao conselho fiscal o inventario desenvolvido do activo e passivo da sociedade, indicando o valor dos bens moveis o immoveis, e dando conta de todos os contratos c compromissos executados ou em execução. Este inventario será acompanhado de um balanço ou conta corrente de perdas e ganhos, e de um relatorio da situação commercial financeira e economica da sociedade.

§ 1º A apresentação dos documentos a que se refere este artigo deve ser feita com antecedencia, pelo menos de um mez, do dia que nos estatutos estiver fixado para a reunião ordinaria da assembléa geral, para os fins indicados no § 4º d'este artigo.

§ 2º O balanço ou conta corrente, com o parecer do conselho fiscal, será enviado a cada um dos accionistas portadores de titulos nominativos quinze dias antes do praso fixado para a reunião da assembléa geral.

§ 3º Pelo mesmo espaço de tempo de quinze dias estarão patentes todos os documentos a que se referem os artigos antecedentes, bem como a lista geral dos accionistas (que nos termos dos estatutos devem constituir a assembléa geral), no escriptorio da sociedade, para poderem ser examinados por todos os accionistas.

§ 4º Findo este praso os mesmos documentos serão submettidos á deliberação da assembléa geral.

Art. 32º A approvação dada pela assembléa geral ao balanço e contas da gerencia da administração liberta os mandatarios, administradores e membros do conselho fiscal da sua responsabilidade para com a sociedade, salvo o caso de reserva em contrario feita na mesma assembléa geral, ou provando-se que nos inventarios e balanços houve omissões ou indicações falsas, com o fim de dissimular a verdadeira situação da sociedade

Art. 33º Dos lucros liquidos da sociedade uma parte, que os estatutos indicarão sempre, é destinada para a formação de um fundo de reserva, e a obrigação de separar em cada anno, para este fim, uma parte dos lucros liquidos só deixa de existir quando o fundo de reserva represente a decima parte do capital social.

---

[106]COLP 1867, 177.

Art. 34° É expressamente prohibido que nos estatutos se estipulem juros certos e determinados para os accionistas, os quaes unicamente têm direito á parte proporcional que lhes caiba nos lucros liquidos que effectivamente resultem das operações da sociedade, comprovados pelos balanços.

A distribuição de dividendos ficticios é considerada violação de mandato por parte dos mandatarios que a tiverem consentido.

§ unico. Podem comtudo os estatutos, por excepção á disposição anterior, quando a sociedade careça immobilisar grandes capitaes em construcção, conceder aos accionistas, unicamente durante o praso de tais construcções, um juro certo e determinado sobre o valor dos capitaes por elles subscriptos e effectivamente pagos.

19. O Código Comercial de 1888

I. O Código Veiga Beirão, em preceitos revogados em 2006[107], veio fixar um esquema ligeiramente mais complexo[108].

À partida, mantinha-se o princípio da obrigatoriedade de escrita comercial – artigo 29° – dobrado pelo da liberdade de organização de escrita – artigo 30°. Todavia, quatro livros eram obrigatórios – artigo 31°:

- o inventário e balanços, que continha o activo e o passivo do comerciante, o capital em comércio e, depois, os diversos balanços – artigo 33°;
- o diário, onde eram lançados, dia-a-dia, os diversos actos comerciais – artigo 34°;
- o razão, onde são escrituradas as operações do diário, ordenadas de acordo com regras de partidas dobradas – artigo 35°;
- o copiador, para registar toda a correspondência enviada ou recebida.

As sociedades são ainda obrigadas a ter livro de actas, onde são consignadas as relativas às reuniões dos diversos órgãos sociais – artigo 37°, na redacção dada pelo Decreto-Lei n° 257/96, de 31 de Dezembro.

---

[107] *Infra*, 75 ss..

[108] Cf. Luiz da Cunha Gonçalves, *Comentário ao Código Comercial Português*, I (1914), 100 ss..

§ 5° A evolução até ao Código Veiga Beirão 47

II. A escrituração mercantil pode ser levada a cabo pelo próprio ou por outrem, a mando – artigo 38°. Ela deve ser feita sem intervalos em branco, entrelinhas, rasuras ou transporte para as margens – artigo 39°. A correspondência devia ser arquivada por dez anos – artigo 40°. O varejo ou a inspecção eram proibidos – artigo 41° – só podendo ser ordenada a exibição judicial a favor dos interessados em questões de sucessão universal, comunhão ou sociedade ou no caso de falência – artigo 42°. Fora isso, o exame da escrituração e documentos só podia ter lugar quando a pessoa a quem pertençam tenha interesse ou responsabilidade na questão em que tal apresentação for exigida[109].

III. O artigo 44° regula a matéria da força probatória da escrituração. Tal força probatória manifesta-se em juízo, entre comerciantes e quanto a factos do seu comércio, nos termos seguintes:

– os assentos lançados em livros de comércio, mesmo não arrumados, fazem prova contra o próprio; mas quem queira prevalecer-se disso deve aceitar também os assentos que lhe forem prejudiciais;
– quando regularmente arrumados, os assentos fazem prova a favor dos seus respectivos proprietários, desde que o outro litigante não apresente assentos arrumados nos mesmos termos ou prova em contrário;
– quando da combinação dos livros dos litigantes resulte prova contraditória, o tribunal decide de acordo com as provas do processo;
– nessa mesma eventualidade, prevalece a prova derivada de livros arrumada sobre a dos outros que o não estejam, salvo prova em contrário, por outros meios;
– se um comerciante não tiver livros ou não os apresentar, fazem prova contra ele os do outro litigante, devidamente arrumados, salvo força maior ou prova em contrário.

---

[109]Em STJ(P) n° 2/98, de 22-Abr.-1997 (Ramiro Vidigal), DR I Série-A n° 6/98, de 8-Jan.-1998, 119-122, decidiu-se que este preceito não fora revogado pelo Código de Processo Civil de 1967.

Em suma: operava um esquema harmónico, donde resultava uma fraca força probatória de escrituração. A este nível, ele funciona, pois, como um encargo, em sentido técnico.

IV. Os livros dos comerciantes deviam ser legalizados – artigo 32º. Tratava-se de uma operação antes levada a cabo pelas secretarias dos tribunais e depois atribuída à conservatória do registo comercial competente, nos termos do artigo 112º-A do CRC. Tudo isto está, hoje, revogado. A lei portuguesa não continha regras quanto ao idioma em que deva ser exarada: poderá ser qualquer um, nos termos gerais do artigo 96º, do Código Comercial[110]. De todo o modo, o comerciante que não use o português na sua escrituração e que a queira invocar em juízo, tem de providenciar a sua tradução, nos termos do artigo 139º/1 do Código de Processo Civil. Em certos sectores sensíveis, como na banca, a lei impõe o uso do português, mesmo quando se trate de instituições de crédito estrangeiras – artigo 55º do RGIC. Visa-se, assim, facilitar o exercício da supervisão.

---

[110] Curiosamente, o § 239 do HGB exige a utilização de uma "língua viva"; a doutrina conclui daí que se não possa, na escrituração comercial, recorrer ... ao latim, ao grego clássico ou ao esperanto; cf. WIEDEMANN, *Bilanzrecht* cit., § 239, Nr. 2 (9) e *Bilanz-Handbuch* cit., 4ª ed., A, Nr. 94 (131) e WINKELJOHANN/KLEIN, *Beck'scher Bilanz-Kommentar*, 6ª ed. cit., 20 (Nr. 2).

§ 6° O papel da fiscalização das sociedades

20. O *crash* de 1891

I. Um factor decisivo no lançamento e na evolução do Direito português da prestação de contas e, mais latamente, do próprio Direito das sociedades, na primeira metade do século XX, tem a ver com a sua fiscalização. Trata-se, de resto, de um fenómeno comum aos vários países.[111]

II. Até 1867, o problema não se pôs, dado o número escasso de sociedades existentes. Também no período de vigência da Lei de 22 de Junho de 1867, pouco haverá a apontar. Porém, no final do século, já sob a vigência do Código Veiga Beirão, o incremento das sociedades e a verificação de crises cíclicas levaram os Governos a reagir. Fenómenos semelhantes ocorreram, nesse mesmo período, noutros países europeus.

III. Particularmente impressivo foi o *crash* de 1891, com situações de falência da Companhia Real dos Caminhos de Ferro, do Banco Lusitano e do Banco do Povo[112]. Esses eventos levaram o Visconde de Carnaxide, então deputado, a apresentar um projecto de lei,

---

[111] Quanto à experiência francesa cf., p. ex., YANNICK LEMARCHAND/NICOLAS PRAQUIN, *Falsifications et manipulations comptables. La mesure du profit, un enjeu social (1856-1914)*, em *Comptabilité / Controle / Audit* (2005), 15-33.

[112] Segundo informa o VISCONDE DE CARNAXIDE, *Sociedades Anonymas/Estudo thecnico e pratico de direito interno e comparado* (1913), 17-18, a primeira foi reparada com um convénio fundado em lei especial, a segunda foi enfrentada com uma concordata e a terceira ficou sem solução.

50 — A experiência portuguesa

(...) destinado a evitar, quanto possível, que as sociedades anonymas, quer bancos, quer companhias, possam continuar a coberto da limitação da sua responsabilidade e da inefficacia da actual fiscalisação, a defraudar os seus credores, ou sejam depositantes, ou sejam obrigacionistas[113].

A ideia seria admitir, no caso de crise, a intervenção do Governo, através de comissários especiais. Levantaram-se vozes de crítica, com relevo para José Benevides que preferiria:

(...) uma determinação precisa e rigorosa da responsabilidade civil e penal dos directores e fiscaes das sociedades anonymas (...)[114].

IV. Apesar das objecções, o Decreto de 12 de Julho de 1894, relativo a *instituições bancárias* e visando combater:

O desvariamento da especulação [que] invadiu o mundo inteiro acarretando consigo, como resultado transformar por vezes instituições destinadas a fomentar o commercio e auxiliar o trabalho, em instrumentos provocadores das ruinas (...)[115],

adoptou a proposta do Visconde, em parte, e no tocante àquelas instituições – artigos 14º e 15º[116]. O esquema foi retomado pela Lei de 3 de Abril de 1896 – artigos 15º e 16º[117].

21. Visconde de Carnaxide *versus* José Benevides

I. O projecto do Visconde de Carnaxide e a contradita de José Benevides, a esse propósito, permitem documentar os dois caminhos possíveis, quanto à fiscalização das sociedades anónimas: a fiscalização pelo Estado e o controlo interior, através de responsabilização dos administradores. Com os antecedentes dos diplomas de 1894 e

---

[113] Antonio Baptista de Sousa, *Projecto de lei relativo à fiscalização de sociedades anonymas* (1892), 3.

[114] José Benevides, *Um projecto de lei e a responsabilidade na gerência das sociedades anonymas* (1893), 27.

[115] Cf. o *Relatório*, em CLP 1894, 214-217 (214). Faz-se, aí, referência ao projecto de Baptista de Sousa – ob. cit., 215 – em termos que provocaram o protesto deste – cf. Visconde de Carnaxide, *Sociedades Anonymas* cit., 19-20.

[116] CLP 1894, 217-219 (219, 1ª col.).

[117] CLP 1894, 57-59 (58).

§ 6° O papel da fiscalização das sociedades 51

de 1896, a legislação da República inclinar-se-ia, de modo decidido, para a primeira das duas opções.

II. Assim, um Decreto de 13 de Abril de 1911, do Governo Provisório, veio dispor,

> Artigo 1° É instituída a fiscalização de todas as sociedades anonymas a cargo de uma Repartição Technica, cuja organização e attribuições constam do regulamento annexo.

A fiscalização incidia, essencialmente, sobre a escrita e outros documentos[118]. O Regulamento foi revogado, pelo artigo 19° da Lei do Orçamento, de 30 de Junho de 1913; porém, alguns dos seus artigos foram, de novo, postos em vigor, pelo Decreto n° 24, de 7 de Julho de 1913, que regulou o funcionamento do serviço de fiscalização das sociedades anónimas e a situação dos respectivos funcionários[119].

22. O Estado Novo

I. A fiscalização das sociedades, particularmente das anónimas, seria discutida, durante todo o período do Estado Novo, sendo certo que se mantiveram, fortes, as tendências para uma fiscalização estadual, um tanto ao arrepio das experiências exemplares, registadas noutros países europeus.

A Lei n° 1:936, de 18 de Março de 1936, autorizou o Governo a modificar, oportunamente, o regime de fiscalização das sociedades anónimas, de modo a ser realizada, com a intervenção de técnicos especializados e ajuramentados, designados por entidade estranha à sociedade[120]. Porém, o Governo só se desempenharia, anos depois, aprontando uma *Proposta de lei relativa à fiscalização das sociedades por acções.*

---

[118] O *Regulamento da fiscalização das sociedades anonymas,* de 13-Abr.-1911, assinado pelo Ministro das Finanças JOSÉ RELVAS, pode ser confrontado na CLP 1911, 2072-2077. Note-se que este Regulamento, mau grado o título, abrangia, também, as sociedades por quotas.

[119] CLP 1913, 343-344.

[120] Lei n° 1:936, de 18 de Março de 1936, Base VII. Esta Lei veio promulgar diversas disposições, àcerca de coligações económicas; o seu conteúdo revela um misto de intervenção governamental na economia e de defesa da concorrência, surgindo, a concluir, a fiscalização das sociedades anónimas. Assim:

II. A *Proposta* em causa foi remetida, à Câmara Corporativa. Esta elaborou um parecer, relatado por Paulo Cunha, e subscrito, ainda, por importantes nomes, entre os quais Fezas Vital, Marcello Caetano, Machado Vilella, José Gabriel Pinto Coelho e Fernando Emídio da Silva. Aí, fez-se notar que havia uma série longa de diplomas que permitiam, às Finanças, fiscalizar as sociedades, faltando, contudo, regras no tocante à verificação das contas em si. A fiscalização impor-se-ia para o bem das próprias empresas, sendo, porém, difícil criar auditores bastantes, uma vez que haveria 533 sociedades por acções. A hipótese do regresso à autorização governamental para a constituição de sociedades por acções, é rejeitada. Os verificadores seriam organizados, em termos de independência, podendo o conselho fiscal ser, facultativamente, conservado. O parecer concluía com a proposta de novo texto[121].

O diploma foi discutido, na então Assembleia Nacional, sob a presidência de Alberto dos Reis, tendo-se verificado intervenções curiosas e interessantes, nomeadamente, de Ulisses Cortês[122] e de Águedo de Oliveira[123], sendo, finalmente, aprovado como Lei nº

Base I

O Governo poderá ordenar a substituição, total ou parcial, das direcções dos organismos corporativos, mandando proceder a nova eleição, quando verifique que actuam em sentido diverso do imposto pelos objectivos económicos próprios de organização corporativa.

(...)

Base III

O Governo poderá dissolver todas as coligações económicas que exerçam uma actuação contrária aos objectivos da economia nacional corporativa.

(...)

Base IV

São ilegais todos os acordos, combinações e coligações que tenham por fim restringir abusivamente a produção, o transporte ou o comércio dos bens de consumo, sendo os promotores e contraentes punidos com multa (...)

[121] PAULO CUNHA (rel.), *Fiscalização das sociedades anónimas/Parecer*, DSess nº 19, de 12-Mar.-1943, 172-194 (172-174, 175, 179-180, 181-182 e 191-194).

[122] ULISSES CORTÊS, DSess 1943, 307, faz, designadamente, uma resenha da evolução histórica, no tocante à fiscalização das sociedades anónimas.

[123] ÁGUEDO DE OLIVEIRA, DSess 1943, 303, um tanto ao sabor da ideologia dominante no tempo, compara as desventuras das sociedades anónimas às da democracia, referindo uma "... revolta dos factos contra o Código de Beirão".

§ 6° O papel da fiscalização das sociedades

1:995, de 17 de Maio de 1943[124]. Os aspectos mais marcantes, deste diploma, resultam das bases seguintes:

Base II

1. A fiscalização será exercida por peritos ajuramentados e com intervenção do tribunal.

2. Os peritos fazem parte de um organismo colegial denominado *Câmara dos Verificadores das Sociedades por Acções*.

(...)

Base III

A constituição das sociedades por acções depende de prévia apreciação do tribunal, quanto à sua conformidade com a lei e respectivos elementos de facto.

Base IV

1. A Câmara dos Verificadores gozará de autonomia, com as limitações desta lei.

2. O número de verificadores será fixado por decreto e irá sendo aumentado à medida das necessidades e possibilidades, sem prejuízo da rigorosa selecção dos candidatos.

(...)

Os verificadores recebiam uma larga competência, no domínio da fiscalização.

III. Carecida de regulamentação, que nunca viria a ser aprovada[125], a Lei nº 1:995, de 17 de Maio de 1943, acabaria por não vigorar,

---

[124] A Lei nº 1:995, de 17 de Maio de 1943, abrange 26 bases, repartidas por 5 capítulos: I – Disposições gerais; II – Fiscalização da constituição das sociedades por acções; III – Fiscalização do funcionamento das sociedades por acções; IV – Câmara dos verificadores das sociedades por acções; V – Disposições especiais e transitórias.

[125] Não obstante, chegou a ser publicado um *Projecto de Decreto Regulamentar da Lei nº 1:995*, "... elaborado por alguns professores de direito, membros da Comissão de Revisão do Código Civil, revisto no Ministério da Justiça": BMJ 25 (1951), 157-195. Tratava-se de um projecto complexo, de 96 artigos, em seis capítulos, pormenorizado e tecnicamente bem elaborado. O interesse suscitado, na época, pela fiscalização das sociedades anónimas, ressalta, ainda, no escrito de Ruy Ennes Ulrich, *Sociedades anónimas e sua fiscalização*, ROA 1941, 1, 14-27, onde se esquematizam os regimes vigentes na época, incluindo o português, fazendo-se, em paralelo, um certo apelo aos valores tradicionais das

54 *A experiência portuguesa*

dando lugar a um "... insucesso ...", nas palavras do preâmbulo do Decreto-Lei nº 49.381, de 15 de Novembro de 1969[126]. Não será arriscado avançar que tal "... insucesso ..." ficou a dever-se a um excesso de intervenção estadual nas sociedades anónimas, pouco consonante com a inclusão do País no bloco ocidental, após o termo da II Guerra Mundial.

IV. Seguiu-se o Decreto-Lei nº 49.381, de 15 de Novembro de 1969, praticamente acolhido no Código das Sociedades Comerciais. Esse diploma veio tentar um compromisso entre as duas correntes que, desde as críticas de Benevides ao projecto do Visconde de Carnaxide, há quase um século se defrontavam: a de uma fiscalização exterior das sociedades e a da fiscalização interior, através de órgãos e dos próprios sócios e concretizada, se necessário, na responsabilidade civil.

Apesar de aprovado sob a forma de Decreto-Lei, o diploma aqui em causa, então como Projecto de Decreto-Lei nº 13/IX, foi expedido para parecer da Câmara Corporativa. Esta desempenhou-se, elaborando o parecer nº 32/IX, de que foi relator Adelino da Palma Carlos e sendo subscritores, também, Marques Guedes, Pires de Lima, Trigo de Negreiros, Burstorff Silva, José Pires Cardoso, Manuel Andrade e Sousa e Paulo Cunha. O parecer era relativamente crítico, sublinhando ter-se acompanhado o modelo francês. Relevou-se, entre outros aspectos, que não faria sentido prever a responsabilidade do conselho fiscal e não a dos administradores. Vinha proposto um articulado alternativo[127]. Houve dois votos de vencido: um de Pires Cardoso[128] e outro de Paulo Cunha[129]: ambos consideravam globalmente inadequado o texto do projecto, preferindo, antes, que se providenciasse uma regulamentação para a Lei nº 1:995.

---

sociedades anónimas e na obra de JOSÉ PIRES CARDOSO, *Problemas do anonimato – II Fiscalização das sociedades anónimas* (1943), onde são ponderadas as experiências italiana (25 ss.), francesa (66 ss.), inglesa (114 ss.) e alemã (164 ss.).

[126] DG, I Série, nº 268, de 15-Nov.-1969, 1665.

[127] ADELINO DA PALMA CARLOS (rel.), *Regime de fiscalização das sociedades anónimas/Parecer*, ACC nº 149 de 8 de Outubro de 1969 = CC/Pareceres (IX Legislatura) Ano de 1969 (1970), 897-947 (cita-se por esta última publicação), 898, 925 e 926 e 942.

[128] CC/Pareceres 1969 cit., 942-946.

[129] CC/Pareceres 1969 cit., 946-947.

§ 6° O papel da fiscalização das sociedades

Na parte relativa à fiscalização, a regra fundamental constava do artigo 1°/3: um dos membros do conselho fiscal ou o fiscal único e um suplente têm de ser designados de entre os inscritos, na lista de revisores oficiais de contas. Trata-se de uma regra que, hoje, consta do artigo 414°/2 do Código das Sociedades Comerciais. O artigo 43° previa uma regulamentação para as actividades de revisor oficial de contas e de sociedades de revisão.

§ 7° O papel das falências

23. Tradições francesa, alemã e anglo-saxónica

I. A falência, com diversos antecedentes romanos[130], resulta de institutos criados nas cidades italianas da baixa Idade Média[131].

As medidas antigas relativas às falências eram fragmentárias; visavam pôr termo a aspectos abusivos mais marcados, surgindo um tanto ao sabor de condicionalismos pontuais. Houve um certo contributo peninsular para o tema das falências, sendo de referir a obra de Salgado de Samoza (1653)[132], clássico na matéria[133]. Samoza esclareceu, em especial, o tema dos diversos tipos de falência.

II. Uma primeira tentativa de codificar as falências surgiu em França, através da Ordenança de 1673. Apenas o Código de Comércio de 1807, de Napoleão, procedeu a uma regulamentação mais cabal da matéria. Fê-lo, porém, em termos muito severos para o comerciante falido[134], de tal modo que os próprios credores acabavam

---

[130] *Vide*, alguns elementos no nosso *Manual de Direito comercial*, 413 ss..

[131] HIERONIMUS BAYER, *Theorie des Concurs-Prozesses nach gemeinem Rechte*, 4.ª ed. (1850), 8 ss., J. KOHLER, *Lehrbuch des Konkursrechtes* (1891), 11 ss., LOTHAR SEUFFERT, *Deutsches Konkursprozessrecht* (1899), 7 ss., UMBERTO SANTARELLI, *Fallimento (storia del)*, DDP/SCom, vol. V (1990), 366-372 (367) e C. ACCORELLA/U. GUALAZZINI, *Fallimento (storia)*, ED XVI (1967), 220-232 (221). Entre nós, cf. PEDRO DE SOUSA MACEDO, *Manual de Direito das Falências*, vol. 1° (1964), 21 ss..

[132] FRANCISCO SALGADO SAMOZA, *Labyrinthus creditorum concurrentium ad litem per debitorem communem inter illos causatam*.

[133] WILHELM ENDEMANN, *Die Entwicklung des Konkursverfahrens in der gemeinrechtlichen Lehre bis zu der Deutschen Konkursordnung*, ZZP 12 (1888), 21-96 (40 ss.) e J. KOHLER, *Lehrbuch des Konkursrechtes* cit., 24 ss..

[134] Cf. JEAN ESCARRA, *Cours de Droit Commercial* (1952), 1038; a severidade teve a ver com especulações surgidas em torno dos fornecimentos aos exércitos franceses.

§ 7° O papel das falências

prejudicados: os comerciantes em dificuldades retardavam ao máximo a sua apresentação, o que conduzia, depois, a situações irrecuperáveis. O Livro III do *Code de Commerce* foi remodelado pela Lei de 28 de Maio de 1838, longamente em vigor. Mais tarde, tentar-se-iam encontrar esquemas alternativos à falência. Com efeito, toda esta tradição latina esteve marcada pela infâmia do comerciante e por medidas tendentes a defender os credores.

III. Uma tradição diversa é constituída pela experiência alemã, desde o início vocacionada para comerciantes e não-comerciantes[135]. O diploma pioneiro foi o Código das Falências prussiano, de 8-Mai.- 1855, que serviu de base ao Código das Falências alemão de 10-Fev.-1877, preparado por Carl Hagens. O Código em causa, conhecido pela sigla KO (*Konkursordnung*), vigorou a partir de 1-Out.-1879, atravessando as mais variadas situações sócio-económicas[136]. A KO foi substituída pela *Insolvenzordnung* (*InsO*) que entrou em vigor em 1-Jan.-1999[137].

O sistema falimentar alemão não é especificamente dirigido a comerciantes, antes abrangendo a antiga "insolvência civil" latina. Por outro lado, salvo determinados abusos, ele não está marcado pela nota infamante que, desde a Idade Média, atinge a falência latina[138].

IV. Francamente diverso é o sistema anglo-saxónico do *bankruptcy*[139]. Baseada na *equity*, o *bankruptcy* pretende, antes de mais, recuperar o devedor infeliz. Não é infamante e acaba por ser benéfica para os credores, visto permitir, em termos latos, a manutenção das faculdades produtivas do património concursal.

---

[135] BAYER, *Theorie des Concurs-Prozesses*, 4.ª ed. cit., 58 ss., ENDEMANN, *Die Entwicklung des Konkursverfahrens* cit., 48 ss., J. KOHLER, *Lehrbuch des Konkursrechtes* cit., 32 ss. e LOTHAR SEUFFERT, *Deutsches Konkursprozessrecht* cit., 10 ss..

[136] Cf. FRITZ BAUR/ROLF STÜRNER/ADOLF SCHÖNKE, *Zwangsvollstreckungs- Konkurs- und Vergleichsrecht*, 11.ª ed. (1983), 380 ss..

[137] Cf. REINHARD BORK, introdução à *Insolvenzordnung*, 9.ª ed. (2004), X-XXI.

[138] Quanto ao regime da KO cite-se, ainda, OTHMAR JAUERNIG, *Zwangsvollstreckungs- und Konkursrecht*, 18.ª ed. (1987), 161 ss..

[139] Cf. FRANCESCO DE FRANCHIS, *Fallimento in diritto angloamericano*, DDP/SCom V (1990), 434-443. Quanto à evolução histórica marcada, também, pela suavização, cf. ROY GOODE, *Commercial Law*, 3.ª ed. (2004), 829 ss..

24. A evolução portuguesa

I. O Direito português das Ordenações não instituía um verdadeiro sistema falimentar[140]. Apenas nas Ordenações Filipinas surgiam algumas regras. Designadamente, mandava-se os "... mercadores ..." que "... quebram de seus tratos ..." e levem bens,

> (...) serão havidos por públicos ladrões, roubadores, e castigados com as mesmas penas que por nossas Ordenações e Direito Civil, os ladrões publicos, se castigão, e percam a nobreza, e liberdades que tiverem para não haverem pena vil[141].

No entanto, já então se admitia a "falência" não fraudulenta:

> E os que cairem em pobreza sem culpa sua, por receberem grandes perdas no mar, ou na terra em seus tratos, e comercios licitos, não constando de algum dolo, ou malicia, não incorrerão em pena algum crime[142].

II. A matéria foi reformada pelo Marquês de Pombal[143], em termos já referidos e com repercussão nas contas. Seria, no entanto, necessário aguardar as reformas liberais para assistir a verdadeiras codificações sobre o tema.

Assim, o Código Comercial de 1833 (Ferreira Borges) compreendia uma rubrica intitulada *Das quebras, rehabilitação do fallido e moratórias*[144]. O artigo 1121º dispunha:

> Diz-se negociante quebrado aquelle, que por vício da fortuna ou seu, ou parte da fortuna e parte seu, se ache inhabil para satisfazer os seus pagamentos, e abandona o commercio.

III. A disciplina das falências foi retomada pelo Código Comercial de Veiga Beirão (1888) surgindo, aí, como Livro IV – artigos 692º a 749º – que tanto se ocupava das questões substantivas como

---

[140] Sobre toda esta matéria cf. PEDRO DE SOUSA MACEDO, *Manual de Direito das Falências* cit., 1, 33 ss.. Cf., ainda, VASCO LOBO XAVIER, *Falência*, Pólis, 2º vol. (1984), 1363-1367 (1363-1364).

[141] *Ord. Fil.*, Liv. V, tit. LXVI – "Dos mercadores que quebram. E dos que se levantam com fazenda alheia", proémio = ed. Gulbenkian, IV-V, 1214/I.

[142] *Idem*, § 8 = ed. Gulbenkian, IV-V, 1215/II.

[143] Alvará de 13-Nov.-1756; cf. SOUSA MACEDO, ob. cit., 39-40.

[144] Cf. na ed. da Imprensa da Universidade de Coimbra, 1856, a p. 212.

§ 7º O papel das falências

das processuais. A partir de então, essa matéria conheceria várias vicissitudes[145]. Assim:

- a Lei de 13 de Maio de 1896, que aprovou o Código de Processo Comercial, autorizou o Governo a legislar sobre o processo das falências: este desempenhou-se, elaborando um Código das Falências, aprovado por Decreto de 26 de Julho de 1899[146]; foi revogado, então, o Livro IV do Código de Veiga Beirão;
- o próprio Decreto de 26 de Julho de 1899, que encarregava o Governo de rever o Código de Processo Comercial determinava "... uma nova publicação oficial do Código de Processo Comercial, na qual deverá inserir-se este Código de Falências" – artigo 3º; assim se fez: o Decreto de 14 de Dezembro de 1905 aprovou um novo Código de Processo Comercial, que englobou o anterior Código das Falências;
- o Decreto nº 25.981, de 26 de Outubro de 1935, veio aprovar um novo Código das Falências (Manuel Rodrigues)[147]; a disciplina ganhou, pois, outra vez autonomia;
- o Decreto-Lei nº 29.637, de 28 de Maio de 1939 (preambular), que aprovou o novo Código de Processo Civil (Alberto dos Reis), revogou, no seu artigo 3º o direito processual civil e comercial anterior, referindo expressamente o Código das Falências[148].

IV. Assistiu-se, pois, a uma curiosa caminhada que levaria as falências do Código Comercial ao Código de Processo Civil, onde se têm mantido nas subsequentes reformas – Decreto-Lei nº 44.129, de 28 de Dezembro de 1961, que, na forma, aprovou um novo Código, Decreto-Lei nº 47.690, de 11 de Março de 1967 e Decreto-Lei nº 242/85, de 9 de Julho, para além de outras reformas menores.

Esta evolução, a facultar conclusões genéricas, implicaria, no mínimo, a seguinte: a disciplina das falências tem sido sensível à necessidade de se integrar nos restantes vectores de ordem jurídica.

---

[145] Cf. a resenha de ALBERTO DOS REIS/AMARAL CABRAL, *Código Comercial Português*, 2.ª ed. (1946), 378.

[146] O respectivo relatório é assinado por BORGES CABRAL e pode ser confrontado em BARBOSA DE MAGALHÃES, *Código de Processo Comercial Anotado*, 3.ª ed., 1º vol. (1912), 17-31. Colhem-se, aí, interessantes elementos sobre a temática comercial da época.

[147] *Diário do Governo*, I Série, nº 248 de 26 de Outubro de 1935, 1556-1585.

[148] Cf., quanto a esse preceito, ALBERTO DOS REIS, *Comentário ao Código de Processo Civil*, 1º (1944), 2.

V. Mais recentemente, a História parece repetir-se. Após prolongados trabalhos preparatórios, foi aprovada a Lei nº 16/92, de 6 de Agosto, que autorizou o Governo a legislar em áreas que têm a ver com temáticas falimentares.

No uso dessa autorização legislativa, o Governo adoptou o Decreto-Lei nº 132/93, de 23 de Abril, o qual aprovou o Código dos Processos Especiais de Recuperação da Empresa e da Falência[149]. Nos termos preambulares, o novo diploma procurou operar uma destrinça nítida entre empresas viáveis e inviáveis, de modo a recuperar as primeiras. Curiosamente, este então novo diploma foi sentido, pelos agentes económicos, como mais duro para com os devedores do que o anterior[150]. Adiante referiremos as grandes linhas deste diploma. Ele foi substituído pelo Código da Insolvência, hoje em vigor, que dá corpo a uma filosofia distinta.

VI. Em toda esta evolução, foi sempre enfatizado o papel das contas e da sua prestação. E isso em dois planos:

- a análise das contas permitiria qualificar a falência como ocasional ou como fraudulenta;
- as mesmas contas facultariam conhecer o exacto património da massa falida e as obrigações pelas quais ele seria chamado a responder.

25. O Código da Insolvência de 2004

I. A vigente lei das falências resulta do Código da Insolvência e da Recuperação de Empresas, de 2004, aprovado pelo Decreto-Lei nº 53/2004, de 22 de Agosto, com diversas alterações subsequentes.

---

[149] No manuseio deste diploma: Luís A. CARVALHO FERNANDES/JOÃO LABAREDA, *Código dos Processos Especiais de Recuperação da Empresa e de Falência anotado*, 3.ª ed. (1999).

[150] Quanto à tradicional problemática político-social subjacente à falência e que tem provocado uma oscilação entre as medidas preventivas e as repressivas, cf. UMBERTO NAVARRINI, *Trattato di diritto fallimentare*, 1º vol. (1939), 8 ss.. Um breve apanhado relativo ao CPEF de 1993 consta da introdução de ANTÓNIO MOTA SALGADO à edição da Aequitas/Diário de Notícias.

§ 7° O papel das falências

II. O Código da Insolvência é estruturalmente novo. A continuidade em relação ao Direito anterior é assegurada pela Ciência do Direito. Se procurarmos enumerar as grandes linhas inovatórias, encontramos[151]:

– a primazia da satisfação dos credores;
– a ampliação da autonomia privada dos credores;
– a simplificação do processo.

Estas linhas vêm, depois, entrecruzar-se em todo o Código, dando azo às mais diversas e inovatórias soluções.

III. Num moderno Direito da insolvência, existe um conjunto de questões económicas e políticas que cumpre ter presentes. Como auxiliar, podemos contar com a análise económica do Direito da insolvência[152]. Deverão ser ponderados os interesses dos credores, a concorrência e a concentração das empresas e o mercado de trabalho. Mas também opções como a dupla emprego/desenvolvimento e, naturalmente, a tutela das pessoas, devem ser tidas em boa conta.

Sobre tudo isto vão, depois, assentar os "custos da transacção": tanto maiores quanto mais complexo, mais demorado e mais inseguro for o processo de insolvência. Fica bem claro que estes "custos da transacção" podem comprometer todos os outros objectivos do processo falimentar.

Pede-se um processo eficaz, que respeite a verdade material[153], mas que conduza a um epílogo rápido. Quanto mais depressa for possível entregar a falência aos credores, mais cedo ficará o Estado – particularmente na sua vertente jurisdicional – exonerado de uma responsabilidade que, de todo, não lhe incumbe.

---

[151] Em geral: CATARINA SERRA, *O novo regime português da insolvência/Uma introdução*, 2004 e 2ª ed., 2006.

[152] HASEMEYER, *Insolvenzrecht*, 3.ª ed. cit., 77 ss., com indicações.

[153] NEIL ANDREWS, *The Pursuit of Truth in Modern English Civil Proceedings*, ZZPInt 8 (2003), 69-96.

26. Crimes relacionados com a insolvência

I. O Código Penal, a abrir o capítulo dos crimes contra direitos patrimoniais, dispõe:

Artigo 227º
(Insolvência dolosa)

1. O devedor que com intenção de prejudicar os credores:

a) Destruir, danificar, inutilizar ou fizer desaparecer parte do seu património;

b) Diminuir ficticiamente o seu activo, dissimulando coisas, invocando dívidas supostas, reconhecendo créditos fictícios, incitando terceiros a apresentá-los, ou simulando, por qualquer outra forma, uma situação patrimonial inferior à realidade, nomeadamente por meio de contabilidade inexacta, falso balanço, destruição ou ocultação de documentos contabilísticos ou não organizando a contabilidade apesar de devida;

c) Criar ou agravar artificialmente prejuízos ou reduzir lucros; ou

d) Para retardar falência, comprar mercadoria a crédito, com o fim de a vender ou utilizar em pagamento por preço sensivelmente inferior ao corrente;

é punido, se ocorrer a situação de insolvência e esta vier a ser reconhecida judicialmente, com pena de prisão até 5 anos ou com pena de multa até 600 dias.

2. O terceiro que praticar algum dos factos descritos no nº 1 deste artigo, com o conhecimento do devedor ou em benefício deste, é punido com a pena prevista nos números anteriores, conforme os casos, especialmente atenuada.

3. Sem prejuízo do disposto no artigo 12º, é punível nos termos dos nºs 1 e 2 deste artigo, no caso de o devedor ser pessoa colectiva, sociedade ou mera associação de facto, quem tiver exercido de facto a respectiva gestão ou direcção efectiva e houver praticado algum dos factos previstos no nº 1.

Como se vê, a contabilidade inexacta, o falso balanço, a destruição ou ocultação de documentos contabilísticos ou a não organização da contabilidade, quando devida, constituem elementos susceptíveis de integrar a previsão legal do crime de insolvência dolosa.

§ 7° O papel das falências

II. Além disso, cumpre consignar os seguintes preceitos:

Artigo 227°-A
(Frustração de créditos)

1. O devedor que, após prolação de sentença condenatória exequível, destruir, danificar, fizer desaparecer, ocultar ou sonegar parte do seu património, para dessa forma intencionalmente frustrar, total ou parcialmente, a satisfação de um crédito de outrem, é punido, se, instaurada a acção executiva, nela não se conseguir satisfazer inteiramente os direitos do credor, com pena de prisão até 3 anos ou com pena de multa.

2. E correspondentemente aplicável o disposto nos n°' 2 e 3 do artigo anterior.

Artigo 228°
(Insolvência negligente)

1. O devedor que:

a) Por grave incúria ou imprudência, prodigalidade ou despesas manifestamente exageradas, especulações ruinosas, ou grave negligência no exercício da sua actividade, criar um estado de insolvência; ou

b) Tendo conhecimento das dificuldades económicas e financeiras da sua empresa, não requerer em tempo nenhuma providência de recuperação;

é punido, se ocorrer a situação de insolvência e esta vier a ser reconhecida judicialmente, com pena de prisão até um ano ou com pena de multa até 120 dias.

2. É correspondentemente aplicável o disposto no n° 3 do artigo 227°.

Artigo 229°
(Favorecimento de credores)

1. O devedor que, conhecendo a sua situação de insolvência ou prevendo a sua iminência e com intenção de favorecer certos credores em prejuízo de outros, solver dívidas ainda não vencidas ou as solver de maneira diferente do pagamento em dinheiro ou valores usuais, ou der garantias para suas dívidas a que não era obrigado, é punido com pena de prisão até 2 anos ou com pena de multa até 240 dias, se vier a ser reconhecida judicialmente a insolvência.

2. É correspondentemente aplicável o disposto no n° 3 do artigo 227°.

Em todas estas situações, o papel das contas e o da sua prestação são óbvios.

III. Quanto ao Código da Insolvência, retemos o seu Título XVI, *Indiciação de infracção penal*:

Artigo 297º
(Indiciação de infracção penal)

1. Logo que haja conhecimento de factos que indiciem a prática de qualquer dos crimes previstos e punidos nos artigos 227º a 229º do Código Penal, manda o juiz dar conhecimento da ocorrência ao Ministério Público, para efeitos do exercício da acção penal.

2. Sendo a denúncia feita no requerimento inicial, são as testemunhas ouvidas sobre os factos alegados na audiência de julgamento para a declaração de insolvência, extractando-se na acta os seus depoimentos sobre a matéria.

3. Dos depoimentos prestados extrair-se-á certidão, que é mandada entregar ao Ministério Público, conjuntamente com outros elementos existentes, nos termos do disposto na alínea *h*) do artigo 36º

Artigo 298º
(Interrupção da prescrição)

A declaração de insolvência interrompe o prazo de prescrição do procedimento criminal.

Artigo 299º
(Regime aplicável à instrução e julgamento)

Na instrução e julgamento das infracções referidas no nº 1 do artigo 297º observam-se os termos prescritos nas leis de processo penal.

Artigo 300º
(Remessa das decisões proferidas no processo penal)

1. Deve ser remetida ao tribunal da insolvência certidão do despacho de pronúncia ou de não pronúncia, de acusação e de não acusação, da sentença e dos acórdãos proferidos no processo penal.

2. A remessa da certidão deve ser ordenada na própria decisão proferida no processo penal.

Trata-se de preceitos que correspondem aos artigos 224º a 227º do CPEF. De novo subjaz o papel das contas e o da sua prestação, fora dos quais toda esta matéria se torna impalpável.

§ 7º O papel das falências

IV. Independentemente dos aspectos penais, o CIRE prevê a qualificação da insolvência como culposa, designadamente perante prevaricações contabilísticas – 186º/2, *h*), do CIRE. Tal qualificação, quando ocorra, teria as consequências previstas no artigo 189º/2 desse Código, designadamente a inabilitação das pessoas afectadas[154].

---

[154] Considerada inconstitucional pelo TC nº 564/2007, de 13-Nov.-2007 (SOUSA RIBEIRO), DR II Série, nº 31, de 13-Fev.-2008, 5625-5629 (5629/I).

§ 8° O papel da fiscalização tributária

27. Aspectos gerais; 1929 e o lucro normal

I. Desde os primórdios, a tributação ficou ligada à elaboração e à prestação de contas. Qualquer imposto dotado de fiscalização terá de conhecer e de preservar o facto tributário em jogo.

Portugal não foi excepção. Todavia, no Antigo Regime, o desenvolvimento complexo do sistema fiscal, repartido por imposições centrais e locais e esbatido por áreas de rendimento do Rei, por taxas e por privilégios[155], não permitiu o desenvolvimento claro de contabilidades fiscais.

Os impostos dominantes foram, por séculos, indirectos. Dotados de esquemas elementares de liquidação, de cobrança e de fiscalização, são menos exigentes, em termos de prestação de contas[156].

II. Na evolução liberal, as reformas fiscais inspiraram-se em modelos estrangeiros, em vez de modernizarem a tradição nacional. Perderam-se, assim, quase dois séculos no estabelecimento de um imposto único sobre o rendimento, a favor de impostos parcelares que, também eles, dificultavam uma prestação de contas cabal.

De todo o modo, a aspiração a uma justa tributação de rendimento, de acordo com a riqueza real, foi permanente. Defrontou-se, porém, com a realidade do País: quer por banda dos contribuintes, quer por parte dos competentes serviços do Estado.

---

[155] Quanto ao desenvolvimento histórico da fiscalidade: PEDRO SOARES MARTINEZ, *Direito fiscal*, 7ª ed. (1993), 505 ss..

[156] *Vide*, p. ex., os esquemas relativos ao real de água: um imposto que, inicialmente, foi criado em Elvas, para providenciar fundos destinados ao fornecimento de água, e que se traduzia pelo pagamento de um real por cada arrátel de carne e peixe e por cada quartilho de vinho que se vendesse (finais do séc. XV). Cf. ANTÓNIO DE ASSIS TEIXEIRA DE MAGALHÃES, *Collecção de Legislação Fiscal relativa ao Real d'Agua*, 2ª ed, (1890), V ss..

§ 8° O papel da fiscalização tributária

III. Na reforma levada a cabo pelo Decreto nº 16:731, de 13 de Abril de 1929 (Prof. António de Oliveira Salazar), essas limitações foram assumidas[157]. Assim, lê-se no interessante relatório que antecede esse diploma, entre diversos troços relevantes:

> Os modernos sistemas fiscais, em todo o mundo civilizado, pode dizer-se, são informados pelo princípio da tributação do rendimento líquido ou livre, rendiamento *real* em qualquer caso. Os nossos impostos têm sido também dominados pelo mesmo princípio, sobretudo desde 1922, mas na presente reforma quási sempre se sacrificou esse princípio à tributação do rendimento *normal* ou de um valor *normal*. Pode causar escândalo a franqueza da confissão; mas com igual franqueza se poderá declarar que foi julgado mais mito que realidade o rendimento *realmente* obtido e verificado pelo exercício duma actividade económica[158].
>
> (...)
>
> Há um verdadeiro interesse público em permitir em certo grau a evasão do imposto pelo aumento de produção ou rendimento acima do que é vulgar – é um estímulo seguro e forte de actividade, de aperfeiçoamentos e de progresso: impossível dar este auxílio indirecto aos produtores mais interessantes, se a base da tributação é o rendimento efectivo[159].
>
> (...)
>
> Ainda sob o aspecto do rendimento fiscal é evidente que não convém correr o Estado os riscos de toda a actividade económica, antes é de seu interesse assegurar um imposto antes de um lucro, evitar a discussão estéril e falcatruenta sobre elementos inverificáveis a maior parte das vezes, não ser solidário com prejuízos resultantes de administrações que não orienta nem fiscaliza, não proteger por sistema a incapacidade, nem permitir por princípio com tributações excessivas os que, sendo bons valores económicos, são, ao mesmo tempo, perante ele sinceros confessores da verdade fiscal[160].

IV. Estas considerações, que colocam problemas sempre em aberto, equivalem a uma confissão de inoperacionalidade de uma verdadeira prestação de contas. E isso é tanto mais importante quanto

---

[157] Cf. JOAQUIM CUNHA GUIMARÃES, *Contabilidade e fiscalidade (articulações)*, em *História da Contabilidade em Portugal* (2005), 159-165 (159).

[158] COLP 1929/I (1936), 733/I.

[159] *Idem*, 733/I.

[160] *Idem*, 734/I.

é certo que a anterior reforma, levada a cabo pela Lei nº 1:368, de 21 de Setembro de 1922, previa diversas tributações por valores reais. Assim, pelo seu artigo 5º, as pessoas sujeitas ao imposto sobre o valor das transacções, eram obrigadas[161]:

1º A ter um livro de folhas numeradas em que dia a dia registem as vendas e outros actos sobre cujos valores incide o imposto.

2º A apresentar esse livro a exame quando lhe seja exigido para a verificação das declarações respectivas, sendo vedada ao respectivo funcionário a revelação de segredos que dessa maneira cheguem ao seu conhecimento.

Os impostos sobre o rendimento apresentavam, todavia, esquemas mais artificiais.

28. A Contribuição Industrial e a viragem para o lucro real

I. A aspiração a uma tributação do lucro real manteve-se. Diversas circunstâncias tornaram esse objecto mais realizável[162]. De um modo geral, foi essa a orientação das reformas subsequentes a 1958, com relevo para o Código da Contribuição Industrial, aprovado pelo Decreto-Lei nº 45 103, de 1 de Julho de 1963. Tal orientação ficava dependente de uma adequada normalização contabilística[163].

II. No respectivo preâmbulo, lê-se, designadamente[164].

3. Não surpreende, portanto, que, em 1929, não obstante se reconhecer a superioridade do princípio da tributação do rendimento real, se tenha sistematicamente optado pelos rendimentos ou valores normais. As exigências prementes da regeneração financeira, com todas as suas implicações em matéria de produtividade dos impostos, fizeram-se sentir num quadro dominado por estruturas que tornavam por de mais arriscado – e, por via disso, inviável – o recurso à tributação do rendimento real.

(...)

---

[161] COLP 1922/II (1934), 269/II.
[162] SOARES MARTINEZ, *Direito fiscal*, 7ª ed. cit., 521 ss..
[163] *Idem*, 523.
[164] DG I Série, nº 153, de 1 de Julho de 1963, 847/I e II.

§ 8° O papel da fiscalização tributária

(…) a estrutura económica do País se afasta consideravelmente da de 1929; não cessa, por outro lado, de aumentar o número de empresas cuja gestão se apoia em técnicas contabilísticas regulares e suficientemente uniformes.

III. De todo o modo, o CCI distinguia três grupos de tributação: grupo A, pelo lucro real; grupo B, pelo lucro presumido; grupo C, pelo lucro normal. E quanto ao grupo A, dispunha o artigo 22°[165]:

> O lucro tributável reportar-se-á ao saldo revelado pela conta de resultados do exercício ou de ganhos e perdas, elaborada em obediência a sãos princípios de contabilidade, e consistirá na diferença entre todos os proveitos ou ganhos realizados no exercício anterior àquele a que o ano fiscal respeitar e os custos ou perdas imputáveis ao mesmo exercício, uns e outros eventualmente corrigidos, nos termos deste código.
>
> § único. As empresas organizarão a sua escrita de modo que os resultados das actividades sujeitas ao regime geral da contribuição industrial possam claramente distinguir-se das restantes.

IV. A reforma de 1958-1965 ficou muito aquém da tributação generalizada pelos lucros reais. O grande problema residia na prestação de contas, só possível para entidades de grande porte. De todo o modo, estava lançada a semente.

29. As reformas dos anos 80

I. A Constituição de 1976, no tocante a impostos, ficou o princípio da tributação das empresas pelo lucro real (104°/2, inicialmente 107°/2). Todavia, foi difícil a evolução nesse sentido.

O esquema fiscal oriundo de 1958/1965 manteve-se, após a queda do Estado Novo. Todavia, foram, sobre ela, recaindo reformas conjunturais, por vezes em obediência a cartilhas políticas distintas, que provocaram inúmeras distorções. Recorde-se, por exemplo, a "reforma fiscal" introduzida pelo Decreto-Lei n° 375/74, de 20 de Agosto (Vasco Gonçalves/Silva Lopes), com fins niveladores e que atirou as taxas dos impostos sobre rendimentos para níveis dementes:

---

[165] *Idem*, 857/I.

da ordem dos 90%, conjugando o imposto complementar com os cedulares. A inflação era ignorada. Resultou, desses e doutros aspectos, uma gravíssima distorção, que prejudicou economicamente o País e que, sobretudo: ditou, para a nossa cultura, uma ideia de completa injustiça dos impostos; assim se legitimou a fraude fiscal, num fenómeno que exigiria décadas de reformas e de reeducação[166].

II. Os Códigos do IRS e do IRC vieram, nalguns casos, assentar nos lucros reais. Vamos reter o artigo 115º do CIRC:

> 1. As sociedades comerciais ou civis sob forma comercial, as cooperativas, as empresas públicas e as demais entidades que exerçam, a título principal, uma actividade comercial, industrial ou agrícola, com sede ou direcção efectiva em território português, bem como as entidades que, embora não tendo sede nem direcção efectiva naquele território, aí possuam estabelecimento estável, são obrigadas a dispor de contabilidade organizada nos termos da lei comercial e fiscal que, além dos requisitos indicados no nº 3 do artigo 17º, permita o controlo do lucro tributável.

III. Em diversas áreas, podemos dizer que o grande motor da elaboração e da prestação de contas é o Direito tributário. O grande problema reside em harmonizar esse vector com o clássico Direito comercial, de modo a conseguir um sistema único e equilibrado.

---

[166] Cf., em geral, PAULO DE PITTA E CUNHA, *A reforma fiscal portuguesa nos anos 80*, ROA 1981, 691-702.

CAPÍTULO III
O Direito vigente da prestação de contas

§ 9º As funções das contas e a sua descomercialização

30. As funções das contas

I. As contas têm vindo a desempenhar diversas funções. Podemos distinguir:

– função comercial;
– função financeira;
– função técnica e industrial;
– função mobiliária;
– função fiscal.

A função comercial foca, das contas, o seu papel informador do próprio comerciante, no tocante aos actos praticado, tendo, acessoriamente, uma função no campo da prova. A este nível, a falsa contabilidade pode originar crimes na área da insolvência, acima referidos.

II. A função financeira permite, designadamente através do balanço e dos balancetes, descrever o valor do património da empresa[167]. Tem um papel importante na obtenção do crédito e, ainda, em diversas ocasiões, como sejam a venda da própria empresa.

III. A função técnica e industrial, particularmente aproveitada pelos industriais ingleses do século XIX, permite à contabilidade

---

[167] António de Sousa Franco, *Contabilidade*, Enciclopédia Verbo 7 (1998), 1096-1098 (1096).

decompor o custo real dos produtos e, assim, introduzir procedimentos de racionalização. Reduzem-se os custos e potenciam-se os segmentos mais rendíveis.

IV. A função mobiliária tem a ver com a dimensão do mercado de capitais. Particularmente nos Estados Unidos, as contas devem ser sérias e transparentes, como via de activar o mercado, sem o enganar. Entre nós, esta filosofia é transposta para as sociedades abertas, contaminando, a partir daí, todo o Direito da prestação de contas.

V. A função fiscal traduz a recuperação, pelo Estado, de esquemas de contabilidade como forma de melhor conhecer os lucros e a riqueza, para os tributar. Nos Estados Unidos, há dupla contabilidade: fiscal e empresarial. Entre nós, parte-se da contabilidade empresarial para, com alguns desvios, chegar às contas fiscalmente relevantes.

31. Pequenos comerciantes

I. Os deveres dos comerciantes em relação a uma escrituração ordenada e regular estão classicamente consagrados nas diversas codificações europeias. Segundo o § 238 do HGB alemão[168]:

> Todo o comerciante fica obrigado a manter livros e a neles exarar os seus negócios comerciais e a situação do seu património segundo os princípios de uma escrituração ordenada.

O § 240 do HGB obriga a elaborar um inventário sobre os seus bens e as suas dívidas, reportando-se o § 242 a um balanço e a uma apresentação de lucros e perdas. Outros deveres surgem para as sociedades de capitais.

II. Segundo a doutrina, apenas releva o património afectado ao negócio e não todo o património pessoal do comerciante[169], devendo a escrita ser ordenada e diligente[170].

---

[168] WOLFGANG DIETER BUDDE e outros, *Beck'scher Bilanz-Kommentar. Handels- und Steuerrecht/§§ 238 bis 339 HGB*, 3ª ed. (1995), § 238, Nr. 42 (10).

[169] CANARIS, *Handelsrecht*, 23ª ed. cit., 276.

[170] CREZELIUS, *Einführung in das Handelsbilanzrecht* cit., 368.

§ 9° As funções das contas e a sua descomercialização

O sistema alemão não obriga os pequenos comerciantes, não inscritos no registo, a manter a referida escrituração – § 2 do HGB[171]. Trata-se de um esquema apresentado como mais realista, uma vez que os pequenos comerciantes não acatavam, entre nós, os deveres de escrituração[172]. Estes, de resto, implicam hoje em dia a contratação, sempre dispendiosa, de um contabilista. Todavia, com o IVA e a permanente maré fiscal, a marginalidade contabilística perde terreno.

III. Desenha-se, por esta via, uma especialização da contabilidade confinada a determinadas empresas. Ela acaba por consumir uma parcela não despicienda da riqueza das nações. Deseja-se que não inutilmente.

32. A exteriorização das contas

I. A contabilidade clássica servia o próprio comerciante. Só se tornava pública havendo crise.

A evolução mais recente veio, na prática, a conduzir ao aparecimento de algumas normas opostas ao que resultaria do Código Comercial.

Segundo o já visto artigo 41° do Código Comercial[173], a escrituração mercantil estaria sujeita a segredo. Todavia, uma série de excepções veio a transformar a regra no seu oposto.

II. Trata-se de matéria acima referida, que recordamos. O próprio Código Veiga Beirão já previa, no seu artigo 178°, que as sociedades anónimas concessionárias do Estado pudessem ser fiscalizadas por agentes do Governo, os quais teriam acesso à sua escrituração.

A Lei de 3 de Abril de 1896[174] veio estabelecer uma fiscalização reportada às sociedades bancárias. O Decreto com força de Lei de 21 de Outubro de 1907[175] fez o mesmo em relação às Companhias de

---

[171] CANARIS, *Handelsrecht*, 23ª ed. cit., 270.
[172] Cf. CUNHA GONÇALVES, *Comentário* cit., 1, 200.
[173] *Supra*, 47.
[174] Artigos 15° e 16°; cf. CLP 1896, 57-59 (58).
[175] Cf. *A legislação* 1907, 798-812 (804-805).

74 *O Direito vigente da prestação de contas*

Seguros: o seu artigo 38º determina expressamente que o Conselho de Seguros possa proceder ao exame da sua escrituração.

A fiscalização geral das sociedades anónimas seria estabelecida depois do advento da República. Assim, um Decreto de 13 de Abril de 1911, ainda do Governo Provisório, veio dispor:

> Artigo 1º É instituída a fiscalização de todas as sociedades anonymas a cargo de uma Repartição Technica, cuja organização e attribuição constam do regulamento annexo.

A fiscalização incidia sobre a escrita e outros documentos. O seu Regulamento[176] foi revogado pelo artigo 19º da Lei do Orçamento, de 30 de Junho de 1913, sendo alguns dos seus artigos recuperados pelo Decreto nº 24, de 7 de Julho de 1913[177].

Seguiu-se, depois, uma lenta evolução legislativa, que acabaria por desembocar no esquema dos revisores oficiais de contas.

III. Podemos considerar que se assistiu, assim, a uma progressiva intervenção do Estado nas contas e na escrita dos comerciantes. Primeiro a pretexto de supervisionar sectores sensíveis, como a banca e os seguros, de modo a proteger as pessoas e o mercado; depois, em geral, alargou-se a fiscalização às sociedades, sempre no interesse particular. Finalmente, com fins tributários, a fiscalização atingiu todos os agentes económicos. Acima citámos, como ilustração, o artigo 98º do CIRC.

IV. A escrituração mantinha, porém, fins comerciais: constituía o "espelho", a "consciência" e a "bússola" do interessado, orientando-o nas suas opções. Algumas exigências burocráticas eram supérfluas. Mas abolir em globo uma disciplina tão importante, era passo que não poderíamos justificar.

Todavia: ele ocorreu, em 29 de Março de 2006.

---

[176] O *Regulamento de fiscalização das sociedades anonymas*, de 13-Abr.-1911 (JOSÉ RELVAS), CLP 1911, 2072-2077, abrangia, na realidade, também as sociedades por quotas.
[177] CLP 1913, 343-344.

§ 9º As funções das contas e a sua descomercialização

33. A reforma das sociedades de 2006; o fim da escrituração comercial

I. O Decreto-Lei nº 76-A/2006, de 29 de Março, veio adoptar uma alargada reforma das sociedades comerciais[178]. Por essa via, ele atingiu áreas significativas da escrituração comercial que não podem deixar de ser referidas, no plano do Direito da prestação de contas.

Quanto à escrituração, atentemos na *mens legis*, expressa no preâmbulo desse diploma. Visando acabar com "imposições burocráticas que nada acrescentem à qualidade do serviço", o legislador anuncia[179]:

> (...) o presente decreto-lei elimina a obrigatoriedade de existência dos livros da escrituração mercantil nas empresas e, correspondentemente, a imposição da sua legalização nas conservatórias do registo comercial. Logo, os livros de inventário, balanço, diário, razão e copiador deixam de ser obrigatórios, apenas se mantendo os livros de actas. Consequentemente, elimina-se a obrigatoriedade de legalização dos livros, incluindo dos livros de actas. Estima-se que, por esta via, deixem de ser obrigatórios centenas de milhares de actos por ano nas conservatórias, que oneravam as empresas.

Em execução deste ideário, o legislador de 2006 alterou profundamente toda a lógica da escrituração. Fê-lo modificando os artigos 29º, 30º, 31º, 35º, 39º, 40º, 41º, 42º, 43º e revogando os artigos 32º, 33º, 34º e 36º, todos do Código Comercial.

II. Quanto às revogações:

– desaparece a obrigatoriedade da legalização dos livros (32º);
– desaparece a escrituração do livro de inventário e balanços (33º): tal livro, que deixou de ser obrigatório, perdeu assim o conteúdo legal;
– desaparece a escrituração do diário (34º): tal livro seguiu o destino do de inventário e balanços embora apareça referido a propósito do razão (35º);
– desaparece o copiador (36º).

---

[178] *Vide* o nosso *A grande reforma das sociedades comerciais*, O Direito 2006, 245-276.
[179] DR I Série, nº 63, de 29-Mar.-2006, 2328-(2)/I.

III. No que tange às alterações, frisamos:

– mantém-se a obrigatoriedade – mas agora restrita às actas – da escrituração mercantil; todavia, desaparece da lei o objectivo da escrituração: dar a conhecer fácil, clara e precisamente, as operações comerciais e fortuna (29º);
– mantém-se a liberdade de organização da escrita, embora com alterações na redacção do preceito em jogo (30º): dispensavelmente: não se altera um texto com 118 anos só por alterar;
– dos livros obrigatórios mantêm-se os das actas das sociedades (31º); conservou-se o artigo 37º, com a redacção dada pelo Decreto-Lei nº 257/96, de 31 de Dezembro;
– os requisitos da escrituração passam a reportar-se apenas às actas (39º);
– mantém-se a obrigação de conservar a correspondência e a "escrituração mercantil" pelo prazo de 10 anos; mas agora pode sê-lo, ainda, em suporte electrónico (40º);
– foi suprimido o sigilo da escrita: o artigo 41º, que antes fixava a proibição de varejo ou inspecção, foi substituído por outro que apenas obriga as autoridades administrativas a respeitar as opções do comerciante, realizadas nos termos do artigo 30º: como é óbvio;
– quanto à exibição judicial dos livros (42º): substituiu-se "comercial" por "mercantil", suprimiu-se "por inteiro" e trocou-se "quebra" por "insolvência"; voltamos a frisar: não foi correcto; não se mexe no texto de Veiga Beirão sem razões regulativas!
– modificou-se a redacção do artigo 43º, quanto ao exame da escrituração e documentos, apenas para actualizar o texto de 1888; vale a observação negativa feita a propósito do artigo 42º.

IV. Tudo visto, mantém-se:

– o artigo 37º, sobre os livros de actas das sociedades, alterado em 1996;
– o artigo 44º, sobre a força probatória das escrituração.

V. Uma primeira conclusão é inevitável. Pretendendo reformar o Direito das sociedades, o legislador suprimiu, do nosso Direito comercial, o Direito da escrituração mercantil. Apenas se mantêm os

§ 9º As funções das contas e a sua descomercialização

livros de actas: matéria que tem a ver com o Direito das sociedades. Aliás: as actas nem são, em bom rigor, "escrituração comercial".

Nós próprios vínhamos, há anos, a defender um alívio na carga burocrática que, ingloriamente, pesa sobre o nosso comércio. Todavia: uma escrituração mercantil que permita conhecer o património e os negócios do comerciante[180], seja para o próprio, seja para terceiros, é necessária. A supressão nacional – que não tem antecedentes tão radicais nos outros países – deixa pairar a suspeita de uma menor reflexão.

As regras fiscais obrigam a uma contabilidade organizada. Esta é, em regra, obtida por remissão para os livros comerciais[181]. Entre nós, isso deixou de suceder. Nesse sentido falamos na descomercialização da prestação de contas.

---

[180] *Vide* o § 238 do HGB; cf. MORCK, no KOLLER/ROTH/MORCK, *HGB*, 5ª ed. (2006), § 328, Nr. 1 (585).
[181] MORCK cit., § 328, Nr. 2.

§ 10º Normas sobre a prestação de contas

34. Balanço e prestação de contas

I. Como sequência lógica e regulativa da matéria atinente à escrituração mercantil, surge a da prestação de contas.

Segundo o artigo 62º do Código Comercial, versão em vigor até 2006:

> Todo o comerciante é obrigado a dar balanço anual ao seu activo e passivo nos três primeiros meses do ano imediato e a lançá-lo no livro do inventário e balanços, assinando-o devidamente.

Por seu turno, o artigo 63º, do mesmo Código, revogado em 2006, dispunha:

> Os comerciantes são obrigados à prestação de contas: nas negociações, no fim de cada uma; nas transacções comerciais de curso seguido, no fim de cada ano; e no contrato de conta-corrente, ao tempo do encerramento.

II. Nas sociedades comerciais, a prestação de contas assume, como é natural, um relevo mais vincado. O artigo 65º do CSC comina, aos administradores, o dever de relatar a gestão e de apresentar contas, submetendo-as aos órgãos competentes da sociedade[182]: um preceito conservado, com pequenas alterações, em 2006. Uma vez aprovados, os documentos respectivos deviam – e devem – ser depositados na conservatória do registo comercial competente – artigos 70º do CSC e 42º do CRC.

---

[182] Cf., todos do CSC, os artigos 189º/3, quanto às sociedades em nome colectivo, 246º/1, *e*) e 263º, quanto às sociedades por quotas, 376º/1, *a*) e 441º, *f*), *g*), *h*) e *n*), quanto às sociedades anónimas e 474º e 478º, quanto às sociedades em comandita, simples e por acções, respectivamente.

§ 10° Normas sobre a prestação de contas

III. O balanço, o relatório de gestão (eventualmente) e a prestação de contas assentam na escrituração comercial[183]. Justamente na base desta e mercê dos elementos por ela carreados, é possível a sua elaboração correcta.

As exigências de normalização levam a que se siga um esquema idêntico para todas as entidades, de modo a tornar facilmente perceptível o estado real retratado pelas contas, possibilitando as competentes comparações. Assim, foi aprovado pelo Decreto-Lei n° 410/89, de 21 de Novembro, o POC ou plano oficial de contabilidade[184/185]. Este diploma foi alterado pelos Decretos-Leis n° 238/91, de 2 de Julho e 127/95, de 1 de Junho, de modo a transpor as Directrizes comunitárias n°s 83/349/CEE, de 13 de Junho[186] e 90/604/CEE e 90/605/CEE, ambas de 8 de Novembro[187]. Foi, ainda, modificado pelo Decreto-Lei n° 79/2003, de 23 de Abril, relativo ao inventário permanente e pelo Decreto-Lei n° 35/2005, de 17 de Fevereiro, que transpôs a Directriz n° 2003/51/CE, de 18 de Junho.

Na escrituração e na prestação das contas podem ser usados meios informáticos.

IV. Deve notar-se que, embora o POC seja a grande matriz no tocante à prestação de contas, existem outros instrumentos jurídicos relevantes, designadamente para as contas do sector público. Assim, temos:
- o POCAL ou Plano Oficial de Contabilidade das Autarquias Locais, aprovado pelo Decreto-Lei n° 54-A/99, de 22 de Fevereiro e alterado, por último, pela Lei n° 60-A/2005, de 30 de Dezembro;

---

[183] Cf. ADOLF MOXTER, *Zum Sinn und Zweck des handelsrechtlichen Jahresabschlusses nach neuem Recht*, FS Goerdeler (1987), 361-374 (373-374).

[184] Cf., com múltiplos elementos, ANTÓNIO BORGES/AZEVEDO RODRIGUES/ROGÉRIO RODRIGUES, *Elementos de contabilidade geral*, 15ª ed. cit. *passim*.

[185] O POC acolheu a Directriz n° 78/660/CEE, de 25 de Julho, ou 4ª Directriz, relativa às contas das sociedades comerciais.

[186] Ou 7ª Directriz sobre sociedades comerciais, relativa à consolidação de contas. O Decreto-Lei n° 238/91, de 2 de Julho, alterou ainda, além do POC, o CSC e o CRC.

[187] As quais vieram alterar, respectivamente, as Directrizes n° 78/660/CEE e n° 83/349/CEE.

80   *O Direito vigente da prestação de contas*

- o POC-Educação ou Plano Oficial de Contabilidade Pública para o Sector da Educação, aprovado pela Portaria nº 794/2000, de 20 de Setembro;
- o POCMS ou Plano Oficial de Contabilidade Pública para o Ministério da Saúde, aprovado pela Portaria nº 898/2000, de 28 de Setembro;
- o POCISSS ou Plano Oficial de Contabilidade das Instituições do Sistema de Solidariedade e de Segurança Social, aprovado pelo Decreto-Lei nº 12/2002, de 25 de Janeiro.

Há, ainda, a contar com diversas normas e regulamentos, designadamente os destinados a adaptar, por sectores, a instrumentos comunitários abaixo referidos.

35. A adopção nacional das NIC

I. A Comissão da União Europeia tem procurado aproximar os ordenamentos comunitários dos US-GAAP e dos IAS: tal o sentido geral das pertinentes Directrizes[188], acima referidas[189]. Nessa base ocorreram, nos anos 80, diversas reformas dos planos de contas, com referência para as leis alemãs de 26-Ago.-1983[190] e de 19-Dez.-1985[191] e francesa, de 30-Abr.-1983[192].

Os excessos de normalização vinham penalizar as pequenas empresas, obrigadas a contratar pessoal especializado para a elaboração de documentos que não têm qualquer utilidade exterior. Mantenha-se,

---

[188] ALEXANDER BARDENZ, *Durchbruch für das International Accounting Standards Committee?*, WM 1996, 1657-1671 (1657) e CLAUSSEN, *So musste es Kommen!* cit., 279.

[189] *Supra*, 38 ss..

[190] WOLFGANG KALKHOF, *Neue Entwicklungen das handelsrechtlichen Rechnungslegung (4. EG-Richtlinie und Gesetzentwurf Bilanzrichtlinie-Gesetz vom 26-8-1983) und managementorientierte Informationsaufbereitung der Vermögens-, Finanz- und Erfolgslage* (1983).

[191] JOACHIM SCHULZE-OSTERLOH, *Die Rechnungslegung der Einzelkaufleute und Personenhandelsgesellschaften nach dem Bilanzrichtlinien-Gesetz*, ZHR 150 (1986), 403-433 e *Jahresabschluss, Abschlussprüfung und Publizität der Kapitalgesellschaften nach dem Bilanzrichtlinien-Gesetz*, ZHR 150 (1986), 532-569.

[192] MESTRE/TIAN-PANCRAZI, *Droit commercial*, 24ª ed. cit., 142.

§ 10° Normas sobre a prestação de contas 81

pois, na ordem do dia um movimento tendente à desburocratização, nesses casos[193].

II. Recordamos que na sequência dos apontados regulamentos comunitários, surge a Directriz n° 2003/51/CE, do Parlamento Europeu e do Conselho, de 18 de Junho, relativa a contas anuais e a contas consolidadas de sociedades[194]. Esta Directriz veio alterar diversos instrumentos anteriores[195] e visou aproximar a legislação contabilística comunitária das normas internacionais de contabilidade (NIC), previstas já no Regulamento n° 1606/2002, de 19 de Julho.

III. A Directriz n° 2003/51 veio a ser transposta pelo Decreto--Lei n° 35/2005, de 17 de Fevereiro. Por sectores, este diploma veio, no essencial, prever a passagem das sociedades nacionais do regime do POC para o das NIC.

Trata-se de um ponto importante ao qual os operadores nacionais têm vindo a prestar a maior atenção.

IV. Substancialmente, as empresas nacionais vão substituindo estalões mais assentes numa quietude patrimonial por modelos mais dinâmicos que procuram atingir uma maior justiça nas valorizações em jogo. Resta esperar que, daqui, resulta um efectivo incremento do mercado de capitais.

36. Aspectos relacionados com a aplicação das NIC

I. O Decreto-Lei n° 35/2005, de 17 de Fevereiro[196], aparentemente discreto, veio revolucionar a prestação de contas.

Desde logo, nos seus artigos 2° e 3°, ele veio explicitar o mecanismo das provisões e o do princípio da prudência. Quanto às provisões (2°):

---

[193] Assim, em França, a Lei Madelin de 11-Fev.-1994.

[194] JOCE N. L 178/16-178/22, de 17-Jul.-2003.

[195] A saber: as Directrizes n° 78/660, de 25 de Julho, n° 83/349, de 13 de Junho, n° 86/635, de 8 de Dezembro e n° 91/674, de 19 de Dezembro.

[196] Alterado pela Lei n° 53-A/2006, de 29 de Dezembro.

1. As provisões têm por objecto cobrir as responsabilidades cuja natureza esteja claramente definida e que à data do balanço sejam de ocorrência provável ou certa, mas incertas quanto ao seu valor ou data de ocorrência.

2. As provisões não podem ter por objecto corrigir os valores dos elementos do activo.

3. O montante das provisões não pode ultrapassar as necessidades.

(…)

Quanto ao princípio da prudência, dispõe o artigo 3º do Decreto-Lei nº 35/2005:

1. Para efeitos de observância do princípio da prudência consagrado no Plano de Contas para o Sistema Bancário, no Plano de Contas para as Empresas de Seguros e no Plano Oficial de Contabilidade, devem ser reconhecidas todas as responsabilidades incorridas no exercício financeiro em causa ou num exercício anterior, ainda que tais responsabilidades apenas se tornem patentes entre a data a que se reporta o balanço e a data em que é elaborado.

2. Devem, igualmente, ser tidas em conta todas as responsabilidades previsíveis e perdas potenciais incorridas no exercício financeiro em causa ou em exercício anterior, ainda que tais responsabilidades ou perdas apenas se tornem patentes entre a data a que se reporta o balanço e a data em que é elaborado.

II. Seguidamente, o Decreto-Lei nº 35/2005 veio alterar diversos diplomas:

– Decreto-Lei nº 238/91, de 2 de Julho, relativo à consolidação de contas das sociedades;
– Decreto-Lei nº 36/92, de 28 de Março, sobre a consolidação de contas de algumas instituições financeiras;
– Decreto-Lei nº 147/94, de 25 de Maio, quanto à consolidação de contas das empresas seguradoras;
– Decreto-Lei nº 410/89, de 21 de Novembro, que aprovou o POC; o anexo ao Decreto-Lei nº 35/2005 tem, ainda, alterações ao POC;
– Código das Sociedades Comerciais, designadamente os artigos 66º, 451º, 453, 508º-C e 508º-D;
– Código do Registo Comercial.

§ *10º Normas sobre a prestação de contas* 83

III. Na parte agora mais relevante, o Decreto-Lei nº 35/2005, de 17 de Fevereiro, ficou o seguinte sistema:

– as entidades cujos valores mobiliários estejam admitidos à negociação num mercado regulamentado devem elaborar as suas contas consolidadas de acordo com as NIC, nos termos do Regulamento nº 1606/2002, de 19 de Julho, ficando dispensadas de seguir o POC (11º);
– as entidades que se mantêm adstritas ao POC podem optar pelas NIC, desde que as suas demonstrações financeiras sejam objecto de certificação legal de contas (12º/1), numa opção integral e definitiva (12º/3).

IV. Ao prestar contas de acordo com as NIC, as sociedades que o façam desviam-se da habitual contabilidade fiscal. Donde o importante artigo 14º, na redacção dada pela Lei nº 53-A/2006, de 29 de Dezembro (artigo 55º)[197]:

1. Para efeitos fiscais, nomeadamente de apuramento do lucro tributável, as entidades que, nos termos do decreto-lei, elaborem as contas individuais em conformidade com as Normas Internacionais de Contabilidade (NIC) são obrigadas a manter a contabilidade organizada de acordo com a normalização contabilística nacional e demais disposições legais em vigor para o respectivo sector de actividade.

Como se vê, fica estabelecida a dupla contabilidade:

– NIC, para as sociedades abertas, cotadas e para as restantes que, tendo certificação de contas, façam essa opção;
– POC, para as restantes;
– POC e demais regras, para todas, para efeitos fiscais, com as alterações derivadas da legislação tributária.

---

[197] O nº 2 deste preceito, aditado pela Lei nº 53-A/2006, dispensa dessa obrigação as entidades sujeitas à supervisão do Banco de Portugal, obrigadas às NAC (normas de contabilidade ajustadas).

37. A reforma de 2006; a viragem da prestação de contas para o Direito das sociedades

I. A reforma do CSC de 2006, aparentemente destinada às sociedades comerciais, pôs termo ao dever mercantil de prestar contas. Com efeito:

– o artigo 62° foi alterado: apenas dispõe que o comerciante é obrigado a dar balanço ao seu activo e passivo nos três primeiros meses do ano imediato; mas como aboliu a anterior referência ao dever de lançar o balanço no livro de inventário e balanços, a obrigação perde concretização prática;
– o artigo 63° foi revogado: desapareceu a obrigação de prestação de contas.

O dever de prestar contas mantém-se, apenas, no Direito das sociedades. Quanto aos comerciantes em geral: elas terão de prestá-las, mas apenas à Administração Fiscal e nos termos das leis tributárias. Nos outros Direitos, esse dever conserva-se com conteúdo comercial.

II. Não havendo escrituração, não faz sentido exigir contas. Mantemos, também aqui, para as preocupações acima expendida quanto à abolição da escrituração mercantil: menos uma importante província para o Direito comercial, sem que o assunto tenha sido prévia e seriamente estudado. Queda ao Direito das Sociedades recuperar o processo.

§ 11° Os princípios da prestação de contas

38. Enunciados

I. A enumeração dos princípios relativos à prestação de contas pode ser objecto de diversas formulações. Em termos legais, é inevitável considerar o Regulamento n° 1606/2002, de 19 de Julho, relativo à aplicação das normas internacionais de contabilidade. Este diploma, embora destinado às sociedades abertas, fixa um quadro de relevo geral.

II. Do artigo 3°/2 do Regulamento n° 1606/2002, bem como da remissão que ele comporta para a 4ª Directriz de Direito das sociedades, resultam os seguintes princípios:

- fidelidade;
- inteligibilidade;
- relevância;
- fiabilidade;
- comparabilidade.

III. Os comentadores, na base do § 252 do HGB alemão, apontam[198]:

- a identidade de critérios valorativos na abertura e no fecho do balanço;
- a continuidade da empresa;
- a valoração única no dia do fecho;
- a prudência;
- a periodificação;
- a manutenção das valorações.

---

[198] Adaptado de WINKELJOHANN/GEISSLER, *Beck'scher Bilanz-Kommentar*, 6ª ed. cit., 402 ss..

Além disso, na base de outros elementos, apontam ainda os seguintes três princípios, são consagrados no HGB:

– a determinação de método;
– a proibição de arbítrio;
– a essencialidade.

IV. O próprio POC aponta as características de informação financeira (ponto 3). Fixa os seus objectivos (3.1) e as suas características qualitativas (3.2). Além disso, aponta os princípios contabilísticos (4).

Podemos trabalhar com estes elementos, bem conhecidos pela prática portuguesa da prestação de contas.

Um tanto na base dessa arrumação, vamos distinguir entre os princípios da prestação de contas em si e os princípios contabilísticos. Ambos se reportam à mesma realidade, embora por diversos ângulos de aproximação.

39. Os objectivos da prestação de contas

I. Segundo o ponto 3.1. do POC:

> As demonstrações financeiras devem proporcionar informação acerca da posição financeira, das alterações desta e dos resultados das operações, para que sejam úteis a investidores, a credores e a outros utentes, a fim de investirem racionalmente, concederem crédito e tomarem outras decisões; contribuem assim para o funcionamento eficiente dos mercados de capitais.

E prossegue:

> A informação deve ser compreensível aos que a desejem analisar e avaliar, ajudando-os a distinguir os utentes de recursos económicos que sejam eficientes dos que o não sejam, mostrando ainda os resultados pelo exercício da gerência e a responsabilidade pelos recursos que lhe foram confiados.

II. Não é indiferente, perante os pontos indicados, a pessoa do destinatário da informação. A lei – o POC – tipifica os destinatários de informação financeira, apontando:

§ 11° Os princípios da prestação de contas   87

– investidores;
– financiadores;
– trabalhadores;
– fornecedores e outros credores;
– administração pública;
– público em geral.

III. Sublinhamos o final do ponto 3.1.: bastante pedagógico. Diz ele:

> Os utentes estarão tanto melhor habilitados a analisar a capacidade da empresa de gerir fundos, com oportunidade e razoável segurança, quanto melhor forem providos de informação que foque a posição financeira, os resultados das operações e as alterações naquela posição.

40. As características qualitativas; a) A relevância

I. Quanto às características da informação a proporcionar aos utentes, o POC – ponto 3.2. – começa por enunciar:

> A qualidade essencial da informação proporcionada pelas demonstrações financeiras é a de que seja compreensível aos utentes, sendo a sua utilidade determinada pelas seguintes características:
> • relevância;
> • fiabilidade;
> • comparabilidade.

Destas características, "… juntamente com conceitos, princípios e normas contabilísticas adequadas…" adviriam:

> (…) demonstrações financeiras geralmente descritas como apresentando uma imagem verdadeira e apropriada da posição financeira e do resultado das operações da empresa.

II. Passando à relevância, o POC vem dizer:

> A relevância é entendida como a qualidade que a informação tem de influenciar as decisões dos seus utentes, ao ajudá-los a avaliar os acontecimentos passados, presentes e futuros ou a confirmar ou corrigir as suas avaliações.

Os manuais falam, a tal propósito, em "materialidade". E o próprio POC acrescenta:

> Não sendo a materialidade uma qualidade da informação financeira, determina, porém, o ponto a partir do qual a mesma passa a ser útil. Assim, a informação é de relevância material se a sua omissão ou erro forem susceptíveis de influenciar as decisões dos leitores com base nessa informação financeira.

III. A essencialidade (*Wesenlichkeit*)[199], por vezes dita materialidade, e que o POC aproxima da relevância[200] é, também pelo IAS nº 1[201], feita depender da possibilidade que a informação em jogo tenha, de influenciar as decisões dos utentes.

Todavia, o POC não confunde relevância com materialidade. Explica (3.2.1., 2º § 2):

> Por conseguinte, a relevância e a materialidade estão intimamente ligadas, porque ambas são definidas em função dos utentes ao tomarem decisões. No entanto, a relevância parte da natureza ou qualidade da informação, enquanto a materialidade depende da dimensão da mesma.

O POC encerra a análise deste princípio explicando:

> A relevância da informação pode ser perdida se houver demoras no seu relato; por isso, a informação deve ser tempestivamente relatada.

41. Segue; b) A fiabilidade

I. A fiabilidade da informação é apresentada teleologicamente pelo IAS 1[202]. Segundo este princípio, ela visa que as informações:

– representem fidedignamente os resultados e a posição financeira da empresa;

---

[199] WINKELJOHANN/GEISSLER, no *Beck'scher Bilanz-Kommentar*, 6ª ed. cit., § 252, IV, Nr. 70 (420).

[200] Criticando a tradução de *materiality* por relevância: J. L. SALDANHA SANCHES, *Os IAS/IFRS como fonte do Direito ou o efeito Monsieur Jordan*, Estudos Jurídicos e Económicos em Homenagem ao Prof. Doutor António de Sousa Franco 2 (2006), 187-215 (203).

[201] N. 20, a).

[202] N. 20.

§ 11° Os princípios da prestação de contas 89

– reflictam a substância económica de escritos e transacções e não meramente a forma legal;
– sejam neutras, isto é, que estejam isentas de preconceitos;
– sejam prudentes;
– sejam completas em todos os aspectos materiais.

II. O POC (3.2.2.) faz a seguinte apresentação do princípio:

A fiabilidade é a qualidade que a informação tem de estar liberta de erros materiais e de juízos prévios, ao mostrar apropriadamente o que tem por finalidade apresentar ou se espera que razoavelmente apresente, podendo, por conseguinte, dela depender os utentes.

E prossegue, apontando as qualidades da informação "fiável":

Para que a informação mostre apropriadamente as operações e outros acontecimentos que tenha por finalidade representar, é necessário que tais operações e acontecimentos sejam apresentados de acordo com a sua substância e realidade económica e não meramente com a sua forma legal, e para que seja fiável deve também e sobretudo ser neutra, ou seja, estar ausente de preconceitos.

III. A fiabilidade pressupõe informação verídica. As explanações regulamentares dizem isso mesmo, por vários ângulos. Nas humanidades, a verdade tem sempre uma dimensão subjectiva, da qual não nos podemos alhear: donde as preocupações dos regulamentadores.

IV. Quanto ao relacionamento da fiabilidade com a relevância, recorda o POC:

Deve ser obtida conjugação perfeita da relevância com a fiabilidade, a fim de que o uso da informação seja maximizado.

42. **Segue**; c) **A comparabilidade**

I. O conhecimento estático de uma empresa não permite uma apreensão real do valor em jogo. Torna-se fulcral saber se a mesma se insere em linhas de progresso, de estabilidade ou de decadência. Daí a necessidade de que os resultados se insiram em séries anuais comparáveis.

Explicita o POC (3.2.3.):

A divulgação e a quantificação dos efeitos financeiros de operações e de outros acontecimentos devem ser registadas de forma consistente pela empresa e durante a sua vida, para identificarem tendências na sua posição financeira e nos resultados das suas operações.

Por outro lado, as empresas devem adoptar a normalização, a fim de se conseguir comparabilidade entre elas.

II. A comparabilidade poderia jogar contra qualquer inovação contabilística. Contrabalança, pois, o POC:

A necessidade de comparabilidade não deve confundir-se com a mera uniformidade e não pode tornar-se um impedimento à introdução de conceitos, princípios e normas contabilísticas aperfeiçoados. Também a empresa não deve permitir-se continuar a contabilizar da mesma maneira uma dada operação ou acontecimento se a política contabilística adoptada não se conformar com as características qualitativas da relevância e da fiabilidade, nem, tão-pouco, deixar de alterar as suas políticas contabilísticas quando existam alternativas relevantes e fiáveis.

§ 12° Os princípios contabilísticos

43. Generalidades; a) A continuidade

I. As características qualitativas da prestação de contas vêm, depois, alinhar-se em princípios contabilísticos mais concretos. Também aqui vamos seguir a ordenação do POC, chamando, quando seja o caso, a atenção para outras fontes relevantes.

Todos os princípios contabilísticos visam, nas palavras do POC (n° 4):

> (...) obter uma imagem verdadeira e apropriada da situação financeira e dos resultados das operações da empresa (...)

II. O princípio da continuidade dá azo, no POC – n° 4, *a*) – à seguinte fórmula:

> Considera-se que a empresa opera continuadamente, com duração ilimitada. Desta forma, entende-se que a empresa não tem intenção nem necessidade de entrar em liquidação ou de reduzir significativamente o volume das suas operações.

III. Este princípio surge-nos na literatura de língua inglesa como *going concern concept* e, na alemã, como *Grundsatz der Unternehmensfortführung*[203]. Parte-se do princípio de que a empresa irá prosseguir. Apenas perante prognoses sérias de que assim não irá ser se deverá proceder ao seu afastamento[204].

---

[203] WINKELJOHANN/GEISSLER, no *Beck'scher Bilanz-Kommentar*, 6ª ed. cit., § 252, II (403 ss.).

[204] *Idem*, Nr. 10 (404).

44. Segue; b) A consistência

I. O princípio contabilístico da consistência é apresentado da seguinte forma – POC, n° 4, *b*):

> Considera-se que a empresa não altera as suas políticas contabilísticas de um exercício para o outro. Se o fizer e a alteração tiver efeitos materialmente relevantes, esta deve ser referida de acordo com o anexo (nota 1).

II. Na verdade, as valorações a efectuar devem ser estáveis: será o princípio da persistência da valoração (*Grundsatz der Bewertungstetigkeit*)[205], entre nós vertido para consistência. De outro modo, perder-se-á a comparabilidade, tornando-se as contas inábeis para, com substância e adequação, servirem de base às decisões dos particulares.

45. Segue; c) A especialização (ou o acréscimo)

I. Segundo o POC – n° 4, *c*) –, sob o título princípio da especialização (ou do acréscimo):

> Os proveitos e os custos são reconhecidos quando obtidos ou incorridos, independentemente do seu recebimento ou pagamento, devendo incluir-se nas demonstrações financeiras dos períodos a que respeitam.

II. Trata-se de um aspecto que permite largos desenvolvimentos. Na base temos a "valoração singular"[206] de cada movimento, que visa:

– a normalização contabilística;
– a comparabilidade;
– a prevenção de jogos de contas.

A sua concretização é, depois, visada por diversas precisões regulamentares, tendo esta regra claras consequências fiscais.

---

[205] WINKELJOHANN/GEISSLER, no *Beck'scher Bilanz-Kommentar*, 6ª ed. cit., § 252, VI (417 ss.).

[206] WINKELJOHANN/GEISSLER, no *Beck'scher Bilanz-Kommentar*, 6ª ed. cit., § 252, III (408 ss.).

§ 12° Os princípios contabilísticos 93

46. Segue; d) O custo histórico

I. Determina o POC – n° 4, *d*):

Os registos contabilísticos devem basear-se em custos de aquisição ou de produção, quer a escudos nominais, quer a escudos constantes.

Trata-se da recepção contabilística do princípio do nominalismo, próprio das obrigações pecuniárias.

II. Os comparatistas sublinham que este princípio é adoptado ou afastado nos países dominados por inflações estruturais.

47. Segue; e) A prudência

I. O princípio da prudência é um tema clássico no Direito da prestação de contas[207]. O POC – n° 4, *e*) – dá a explicação seguinte:

Significa que é possível integrar nas contas um grau de precaução ao fazer as estimativas exigidas em condições de incerteza sem, contudo, permitir a criação de reservas ocultas ou provisões excessivas ou a deliberada quantificação de activos e proveitos por defeito ou de passivos e custos por excesso.

II. Na concretização do princípio da prudência, o HGB alemão fixa subprincípios[208]:

– o subprincípio da imparidade: há que incluir os riscos e as perdas verificados entre o termo do exercício e o dia do fecho das contas; os riscos e lucros previsíveis devem constar das mesmas;
– o subprincípio da realização: só devem ser contabilizados os lucros efectivamente verificados.

---

[207] P. ex.: WINKELJOHANN/GEISSLER, no *Beck'scher Bilanz-Kommentar*, 6ª ed. cit., § 252, IV (410 ss.).
[208] STEFAN KUSTERER, *Heidelberger Kommentar zum HGB*, 7ª ed. (2007), § 252, Nr. 5 (630-631).

III. Além destes subprincípios, a doutrina aponta outros:

- proibição de lançamento de despesas para a fundação da empresa ou para a obtenção de bens não-patrimoniais;
- despesas destinadas ao alargamento da empresa devem constar (apenas) de anexos;
- as minorações de valores temporárias só devem ser lançadas parcialmente;
- as empresas não sujeitas a regimes especiais quanto a regras sobre capitais, que incorram em determinadas prescrições, devem manter-se nelas, mesmo quando as razões que o determinarem desapareçam.

IV. Mau grado estas precisões, o princípio da prudência mantém-se com um conceito indeterminado, carecido de valorações e no qual se exerce a discricionariedade do prestador de contas. Poderíamos decompô-lo:

- um dever de diligência: o fim do esforço exigível na prestação de contas, o qual irá apelar à bitola objectiva do gestor diligente, perante o caso concreto;
- um dever de lealdade: na prestação de contas, há que respeitar os valores básicos do sistema;
- um dever de cuidado: há que observar os deveres de protecção destinados a prevenir danos em terceiros;
- uma regra de interpretação: na dúvida, há que validar a solução que menos exponha os utentes a riscos e a danos.

48. Segue; f) A substância sobre a forma

I. Segundo o POC – nº 4, f) – o princípio da substância sobre a forma traduz-se em que:

> As operações devem ser contabilizadas atendendo à sua substância e à realidade financeira e não apenas à sua forma legal.

II. Temos, aqui, uma directriz que visa prevenir o contornar da lei (a fraude à lei) e, ainda, o artificialismo na prestação de contas.

§ 12º Os princípios contabilísticos

49. Segue; g) **A materialidade**

I. No domínio dos princípios contabilísticos, o POC – nº 4, g) – retoma o princípio da materialidade. Explicando, de modo expresso:

> As demonstrações financeiras devem evidenciar todos os elementos que sejam relevantes e que possam afectar avaliações ou decisões pelos utentes interessados.

II. Podemos, neste domínio, remeter para as considerações acima efectuadas[209].

50. **Concretização**

I. A concretização destes princípios, expressos em conceitos indeterminados, assenta numa perspectiva teleológica[210]. É justamente para alcançar fins materiais claros, sem se quedar pelas meras formalidades, que o legislador recorre a tais princípios. Caso a caso teremos, pois, de ponderar o objectivo da lei, a propósito de cada princípio.

II. De seguida, temos de ter em conta que tais princípios se incluem na Ordem Jurídica, compartilhando a harmonia que desta dimana[211]. Há uma regra de compatibilização de todos os vectores em presença, sem esquecer os direitos fundamentais. Nenhum princípio poderá ser concretizado *à outrance*, demolindo valores de nível superior ou, simplesmente, causando danos desproporcionados com o que se pretenda alcançar.

III. Assim, a concretização dos princípios contabilísticos não deve sacrificar os direitos à intimidade da vida privada ou à honra das pessoas singulares envolvidas. Também não irá causar danos excessivos à integridade patrimonial das empresas ou ao sigilo que deva rodear certos negócios. No fundo, um certo bom senso e uma sensibilidade jurídica que tenha em conta a globalidade do Ordenamento poderá resolver as questões marginais que se mantenham em aberto.

---

[209] *Supra*, 88.

[210] KLAUS TIPKE, *Auslegung unbestimmter Rechtsbegriffe*, em LEFFSON/RÜCKLE/ /GROSSFELD, *Handwörterbuch unbestimmter Rechtsbegriffe im Bilanzrecht* (1986), 1-11 (5).

[211] WOLFGANG BALLWIESER, *Unbestimmte Rechtsbegriffe, idem*, 29-38 (31 ss.).

§ 13º Regras fiscais

51. O papel da contabilidade no IRC

I. A contabilidade exerce uma função fiscal básica, no domínio da tributação directa das pessoas colectivas e entidades a elas comparáveis. Vamos reter o artigo 17º do CIRC[212], já acima referido e relativo à determinação do lucro tributável:

> 1. O lucro tributável das pessoas colectivas e outras entidades mencionadas na alínea *a*) do n.º 1 do artigo 3º é constituído pela soma algébrica do resultado líquido do exercício e das variações patrimoniais positivas e negativas verificadas no mesmo período e não reflectidas naquele resultado, determinados com base na contabilidade e eventualmente corrigidos nos termos deste Código.
>
> 2. Para efeitos do disposto no número anterior, os excedentes líquidos das cooperativas consideram-se como resultado líquido do exercício.
>
> 3. De modo a permitir o apuramento referido no n.º 1, a contabilidade deve:
>
> *a*) Estar organizada de acordo com a normalização contabilística e outras disposições legais em vigor para o respectivo sector de actividade, sem prejuízo da observância das disposições previstas neste Código;
>
> *b*) Reflectir todas as operações realizadas pelo sujeito passivo e ser organizada de modo que os resultados das operações e variações patrimoniais sujeitas ao regime geral do IRC possam claramente distinguir-se dos das restantes.

---

[212]Aprovado pelo Decreto-Lei nº 442-B/88, de 30 de Novembro e, por último, alterado pela Lei nº 67-A/2007, de 31 de Dezembro.

§ *13° Regras fiscais* 97

II. Na sequência, o CIRC apresenta as regras seguintes:

18° Periodização do lucro tributável: faz referência ao princípio da especialização dos exercícios;

19° Obras de carácter plurianual: apela para o critério do encerramento da obra ou para o da percentagem de acabamento;

20° Proveitos ou ganhos: apresenta critérios fiscais, desviados dos comerciais;

21° Variações patrimoniais positivas: *idem*;

22° Subsídios ou subvenções não destinados à exploração: *idem*;

23° Custos ou perdas: *idem*;

24° Variações patrimoniais negativas: *idem*;

25° Relocação financeira e venda com locação de retoma: *idem*.

III. Como se vê, o Direito fiscal português, numa lógica de tipo continental, recorre à contabilidade das empresas para determinar o lucro tributável. Todavia, introduz no que resultaria dessa contabilidade, uma série de elementos.

52. Obrigações contabilísticas das empresas (IRC)

I. As obrigações contabilísticas das empresas têm um substrato fiscal. Segundo o artigo 115° do CIRC, precisamente epigrafado "obrigações contabilísticas das empresas":

1. As sociedades comerciais ou civis sob forma comercial, as cooperativas, as empresas públicas e as demais entidades que exerçam, a título principal, uma actividade comercial, industrial ou agrícola, com sede ou direcção efectiva em território português, bem como as entidades que, embora não tendo sede nem direcção efectiva naquele território, aí possuam estabelecimento estável, são obrigadas a dispor de contabilidade organizada nos termos da lei comercial e fiscal que, além dos requisitos indicados no n.° 3 do artigo 17 °, permita o controlo do lucro tributável.

Temos, pois, um dever de manter a "contabilidade organizada", com uma remissão para a lei comercial. Esta já não versa o tema, como vimos, na sequência das revogações levadas a cabo pelo Decreto-Lei n° 76-A/2006, de 29 de Março. Com algum atraso, o Decreto-Lei n° 238/2006, de 20 de Dezembro, veio, no seu artigo 15°, revogar alguns preceitos, com relevo para o artigo 115°/2, que recordamos:

98   *O Direito vigente da prestação de contas*

2. As entidades referidas no número anterior que estejam impossibilitadas de obter autenticação dos livros de inventário e balanço e diário nos termos da legislação comercial devem apresentar esses livros, antes de utilizados, com as folhas devidamente numeradas, no serviço de finanças da respectiva área, para que sejam assinados os seus termos de abertura e encerramento e rubricadas as respectivas folhas, podendo ser utilizada chancela.

II. A lei fiscal – 115° do CIRC – compreende, de seguida, diversas regras com relevo contabilístico. Assim:

3. Na execução da contabilidade deve observar-se em especial o seguinte:

a) Todos os lançamentos devem estar apoiados em documentos justificativos, datados e susceptíveis de serem apresentados sempre que necessário;

b) As operações devem ser registadas cronologicamente, sem emendas ou rasuras, devendo quaisquer erros ser objecto de regularização contabilística logo que descobertos.

4. Não são permitidos atrasos na execução da contabilidade superiores a 90 dias, contados do último dia do mês a que as operações respeitam.

5. Os livros de contabilidade, registos auxiliares e respectivos documentos de suporte devem ser conservados em boa ordem durante o prazo de 10 anos.

6. Quando a contabilidade for estabelecida por meios informáticos, a obrigação de conservação referida no número anterior é extensiva à documentação relativa à análise, programação e execução dos tratamentos informáticos.

7. Os documentos de suporte dos livros e registos contabilísticos que não sejam documentos autênticos ou autenticados podem, decorridos três exercícios após aquele a que se reportam e obtida autorização prévia do director-geral dos Impostos, ser substituídos, para efeitos fiscais, por microfilmes ou suportes digitalizados que constituam sua reprodução fiel e obedeçam às condições que forem estabelecidas[213].

8. As entidades referidas no n° 1 que organizem a sua contabilidade com recurso a meios informáticos devem dispor de capacidade de exportação de ficheiros nos termos e formatos a definir por portaria do Ministro das Finanças[214].

---

[213] Redacção do artigo 29° da Lei n° 55-B/2004, de 30 de Dezembro.
[214] Introduzido pelo artigo 2° do Decreto-Lei n° 238/2006, de 20 de Dezembro.

§ *13° Regras fiscais*   99

III. O dever de centralização da contabilidade ou da escrituração deve, também, ser enfatizado. Dispõe o artigo 117° do CIRC:

1. A contabilidade ou a escrituração mencionada nos artigos anteriores deve ser centralizada em estabelecimento ou instalação situado no território português, nos seguintes termos:

a) No tocante às pessoas colectivas e outras entidades residentes naquele território, a centralização abrange igualmente as operações realizadas no estrangeiro;

b) No que respeita às pessoas colectivas e outras entidades não residentes no mesmo território, mas que aí disponham de estabelecimento estável, a centralização abrange apenas as operações que lhe sejam imputadas nos termos deste Código, devendo, no caso de existir mais de um estabelecimento estável, abranger as operações imputáveis a todos eles.

2. O estabelecimento ou instalação em que seja feita a centralização mencionada no número anterior deve ser indicado na declaração de inscrição no registo mencionada no artigo 110° e, quando se verificarem alterações do mesmo, na declaração de alterações, igualmente referida naquela disposição.

53. O papel da contabilidade no IVA

I. O IVA[215], pela sua própria natureza, exige uma efectiva prestação de contas. Podemos dizer que a introdução deste imposto, entre nós, forçou a generalidade das empresas e dos sujeitos produtores de bens ou prestadores de serviços nele incursos a organizar a sua contabilidade.

II. Com efeito, nos termos do artigo 28° (Obrigações gerais) do CIVA, os sujeitos passivos do imposto ficam obrigados (n° 1) a:

g) Dispor de contabilidade adequada ao apuramento e fiscalização do imposto.

---

[215] Aprovado pelo Decreto-Lei n° 394-B/84, de 26 de Dezembro, e alterado, por último, pela Lei n° 67-A/2007, de 31 de Dezembro e pelo Decreto-Lei n° 393/2007, de 31 de Dezembro.

54. Obrigações contabilísticas perante o IVA

I. Também a lei sobre o IVA impõe obrigações contabilísticas específicas. Dispõe o artigo 44° (Contabilidade. Requisitos) do CIVA:

1. A contabilidade deve ser organizada de forma a possibilitar o conhecimento claro e inequívoco dos elementos necessários ao cálculo do imposto, bem como a permitir o seu controlo, comportando todos os dados necessários ao preenchimento da declaração periódica do imposto.

2. Para cumprimento do disposto no n° 1, deverão ser objecto de registo, nomeadamente:

a) As transmissões de bens e prestações de serviços efectuadas pelo sujeito passivo;

b) As importações de bens efectuadas pelo sujeito passivo e destinadas às necessidades da sua empresa;

c) As transmissões de bens e prestações de serviços efectuadas ao sujeito passivo no quadro da sua actividade empresarial.

3. As operações mencionadas na alínea *a)* do número anterior deverão ser registadas de forma a evidenciar:

a) O valor das operações não isentas, líquidas de imposto, segundo a taxa aplicável;

b) O valor das operações isentas sem direito à dedução;

c) O valor das operações isentas com direito à dedução;

d) O valor do imposto liquidado, segundo a taxa aplicável, com relevação distinta do respeitante às operações referidas nas alíneas *f)* e *g)* do n° 3 do artigo 3° e nas alíneas *a)* e *b)* do n° 2 do artigo 4.°, bem como dos casos em que a respectiva liquidação compete, nos termos da lei, ao adquirente.

4. As operações mencionadas nas alíneas *b)* e *c)* do n° 2 deverão ser registadas de forma a evidenciar:

a) O valor das operações cujo imposto é total ou parcialmente dedutível, líquido deste imposto;

b) O valor das operações cujo imposto é totalmente excluído do direito à dedução;

c) O valor das aquisições de gasóleo;

d) O valor do imposto dedutível, segundo a taxa aplicável.

O artigo 50° fixa os livros de registo, enquanto o artigo 51° se ocupa da contabilidade organizada, na vertente do registo dos bens de investimento.

§ 13° Regras fiscais

II. A centralização da escrita está prevista no artigo 69°. O n° 3 desse preceito explicita que o estabelecimento escolhido para a centralização deve ser o indicado para efeitos do IRC e do IRS.

55. Aspectos conclusivos

I. Como vimos, os IRC e IVA assentam em contabilidades organizadas. Os competentes códigos não fixam sistemas específicos de contabilidade: repousam, antes, na prestação de contas comercial, tal como provém das competentes fontes nacionais. Todavia, fixam regras específicas, quando se trate de passar das contas comuns para o cálculo do imposto. Nesse domínio, o IVA surge aparentemente mais exigente, uma vez que, pela sua própria natureza, obriga a calcular de modo específico os elementos que, operação a operação, permitem o cálculo do imposto.

Recordemos ainda que as empresas que optem pelos NIC continuam obrigadas, nos termos do artigo 14°/1 do Decreto-Lei n° 35/ 2005, de 17 de Fevereiro, a seguir a contabilidade fiscal comum.

II. As especificidades fiscais podem reduzir-se a três grandes preocupações:

– clarificar os elementos tributariamente relevantes;
– ampliar a ideia de lucros;
– vedar ou dificultar o contornar do imposto.

Na verdade, o cálculo do imposto exige uma determinação específica dos elementos relevantes: basta pensar no IVA. Quanto aos lucros: a voracidade fiscal parece contrariar aqui o princípio da prudência. Finalmente: as regras fiscais pretendem prevenir cobranças minoradas por práticas contabilísticas.

III. Aos pontos já sublinhados poderemos ainda aditar as exigências da prevenção e da fiscalização tributárias.

Na prática, boa parte das relações contribuinte/fisco são norteadas por correlações de força, mais do que pela Ciência do Direito. Procurando prevenir más disposições dos serviços, os contribuintes cedem, com frequência, preferindo pagar aquilo a que não estariam obrigados por lei.

O Direito – aqui como noutras latitudes – deverá assumir um papel pedagógico.

CAPÍTULO IV

A prestação de contas
no Direito das sociedades

§ 14º Escopo e enquadramento dogmático

56. Generalidades; o escopo e a sua evolução

I. Dispomos, neste momento, de uma lata massa de elementos que nos permitirá progredir nas áreas dogmáticas da prestação de contas. Os elementos obtidos nesse nível serão úteis, depois, para se poder proceder a uma análise de concretos institutos societários nos quais a prestação de contas jogue um papel.

II. Na ponderação do influxo do Direito da prestação de contas em vários institutos onde releve, tem preponderância o escopo geral do acervo normativo em jogo. Com efeito, o elemento teleológico da interpretação tem, neste como noutros domínios, uma dimensão dominante.

III. Recordamos que a necessidade de manter contas decorre do próprio exercício do comércio. Este, mesmo elementar, implica actos que o comerciante não pode reter sem apoio em notas. E são justamente estas, pelas informações que propiciam, que o poderão nortear em novas operações, sedimentando a experiência e dando corpo às disponibilidades.

A escrituração terá começado por servir os interesses do próprio comerciante: operaria, na doutrina clássica, como "espelho" do interessado, funcionando como a sua "consciência" ou a sua "bússola".

104 *A prestação de contas no Direito das sociedades*

Mas além disso, desde cedo se verificou que ela servia, também, os interesses dos credores e isso a um duplo título[216]:

- incentivando a um comércio cuidadoso e ordenado, a escrituração conduz a práticas que põem os credores (mais) ao abrigo de falências e bancarrotas;
- permitindo conhecer a precisa situação patrimonial e de negócios, a escrituração faculta informações e determina responsabilidades.

A partir daí, reconheceu-se que a escrituração servia toda a comunidade, facultando ainda ao Estado actuar com fins de polícia, de fiscalidade ou de supervisão[217]. Numa evolução ainda mais recente, a escrituração vem a servir os investimentos e a expansão mobiliária das empresas.

57. A natureza da prestação de contas

I. A escrituração mercantil e os deveres a ela inerentes andam hoje ligados à prestação de contas e à fiscalização das empresas. No fundamental, ela opera como um corpo de regras de Direito público, fixadas pelo Estado e que escapam, por isso e em larga medida, à lógica do Direito privado[218].

A violação das suas regras conduz, no essencial, a sanções de tipo público, particularmente fiscais. Não obstante, é matéria clássica de Direito comercial[219]: razões sistemáticas e de tradição a tanto conduzem.

---

[216] Quanto aos escopos da escrituração, de novo KARSTEN SCHMIDT, *Handelsrecht* cit., 414 ss. e CANARIS, *Handelsrecht*, 23ª ed. cit., 272.

[217] Cf. KURT GÖLLERT/WILFRIED RINGLING, *Bilanzrecht* (1991), 13.

[218] WOLFGANG DIETER BUDDE e outros, *Beck'scher Bilanz-Kommentar. Handels- und Steuerrecht/§§ 238 bis 339 HGB*, 6ª ed. (2006), § 238, Nr. 56 (11), KARSTEN SCHMIDT, *Handelsrecht*, 5ª ed. cit., 413-414, HARALD WIEDEMANN, *Bilanzrecht/Kommentar zu den §§ 238 bis 342a HGB* (1999), § 238, Nr. 1 (2) e CANARIS, *Handelsrecht*, 23ª ed. cit., 274-275.

[219] GEORG CREZELIUS, *Einführung in das Handelsbilanzrecht*, JA 1990, 366-369 e 1991, 1-7 (1990, 366).

§ 14° Escopo e enquadramento dogmático 105

II. Canaris, perante o escopo público das normas em jogo na escrituração e na prestação de contas, entende mesmo que elas não poderiam sequer ser tomadas como normas de protecção, para efeitos de responsabilidade civil[220]. Trata-se, contudo, de um ponto que deve ser verificado norma a norma.

III. Apesar da sua natureza pública, os deveres relativos à escrituração mercantil e à prestação de contas fazem parte do acervo que caracteriza o *status* do comerciante. Acompanham o Direito comercial e o das sociedades, tendo grande importância prática[221]. E embora, como dissemos, os juristas não mostrem, à partida, um particular interesse por esse tipo de matéria, ela não tem especial dificuldade: é-lhes acessível mediante um *minimum* de aprendizagem e de prática.

58. Sequência

A prestação de contas tem, no Direito das sociedades, uma série de projecções. Com algum pragmatismo, vamos referir:

– a fiscalização e o dever de prestar contas;
– o direito aos lucros;
– a amortização de quotas e de acções;
– a aquisição de quotas e de acções próprias; aspectos mobiliários.

---

[220] Mais precisamente, para efeitos do § 823, II do BGB, correspondente à segunda parte do artigo 483°/1 do nosso Código Civil. Quanto a CANARIS, cf. o seu *Handelsrecht*, 23ª ed. cit., 272 e 274.

[221] Cf. BERNHARD GROSSFELD, *Bilanzrecht/Jahresabschluss, Konzernabschluss, Internationale Standards*, 3ª ed. (1997), 1 ss..

§ 15° A fiscalização e o dever de prestar contas

59. Questões gerais

I. A fiscalização das sociedades comerciais, particularmente centrada no modelo das sociedades anónimas, apresenta uma evolução significativa, ao longo do século XX[222]. Recordamos que ela sofreu um especial incentivo a partir do momento em que as sociedades anónimas acederam ao reconhecimento automático. Além disso, teve uma retoma importante com o fenómeno da mobiliarização.

II. No actual Direito das sociedades comerciais, podemos apontar cinco esquemas de fiscalização:

– a fiscalização comum levada a cabo por qualquer dos sócios;
– a fiscalização efectuada por um órgão a tanto destinado: o conselho fiscal, a comissão de auditoria ou o conselho geral e de supervisão;
– a fiscalização exercida por um corpo profissional independente, devidamente habilitado: o dos revisores oficiais de contas;
– a fiscalização pelo Ministério Público, referida nos artigos 172.° e 173.°;
– a fiscalização levada a cabo pelas entidades de supervisão, nos âmbitos respectivos: Banco de Portugal, Instituto de Seguros de Portugal e Comissão de Valores Mobiliários, como exemplos.

Ficam envolvidas diversas disciplinas jurídicas.

III. A fiscalização levada a cabo por cada um dos sócios entronca no direito à informação, que a todos assiste. Tem como corolário

---

[222]Cf. *supra*, 49 ss..

§ 15° A fiscalização e o dever de prestar contas 107

lógico a possibilidade de votar a destituição dos administradores e de lançar mão dos esquemas da responsabilidade civil.

Além destes instrumentos, outros operam e com relevo. Pense-se no poder do mercado mobiliário: o sócio descontente poderá querer vender as suas acções. Se vários encararem a mesma opção, haverá queda de cotações. Os accionistas preponderantes estarão, assim, altamente motivados para manter em funções uma administração capaz.

IV. A fiscalização orgânica depende do tipo de sociedade em jogo. Tomando como exemplo as sociedades anónimas, temos[223]:

– o sistema monista de tipo latino, com um conselho de administração e o conselho fiscal;
– o sistema monista de tipo anglo-saxónico, com a comissão de auditoria integrada no conselho de administração;
– o sistema dualista, com um conselho de vigilância (ou conselho geral e de supervisão) e a direcção ou conselho de administração executivo.

Teoricamente, as funções de fiscalização seriam, no primeiro caso, asseguradas pelo conselho fiscal, revertendo, no segundo, para a comissão de auditoria e, no terceiro, para o conselho geral e de supervisão. A primeira hipótese era comum nos países do Sul; a segunda nos anglo-saxónicos; a terceira, tipicamente alemã. Tudo isso tem como pano de fundo, uma responsabilidade alargada dos membros dos órgãos de fiscalização, obtida por remissão para a responsabilidade dos administradores (81°). Naturalmente: sempre com as necessárias adaptações.[224]

Em termos de eficácia, a terceira hipótese parece a melhor. O conselho fiscal apresenta-se como uma instância exterior ao *management*, sem uma actuação permanente e, através de diversos expedientes, possível de contornar. A comissão de auditoria opera paredes--meias com a administração. Já o conselho geral e de supervisão, sempre em funções e podendo especializar os seus membros, de acordo com os pelouros da sociedade, tem outras hipóteses. Tanto

---

[223] GABRIELA FERREIRA DIAS, *Fiscalização de sociedades e responsabilidade civil (após a reforma das sociedades comerciais)* (2006), 22 ss..

[224] GABRIELA FERREIRA DIAS, *Fiscalização de sociedades* cit., 37 ss..

assim que, nos próprios Estados Unidos, se vem verificando uma certa confluência de sistemas. Consegue-se, ela, através da designação de conselhos de administração numerosos, mas em que apenas alguns administradores são "executivos", haja, ou não, um "conselho executivo" formal. Nessa altura, os administradores "não executivos" funcionam, de facto, como membros de um conselho geral e de supervisão, acompanhando, com permanência, a gestão dos "executivos". Entre nós, todavia, esse modelo tem provocado conflitos de competência, sobretudo quando o conselho de administração executivo seja eleito pela assembleia geral.

Maiores precisões exigem conhecer o concreto tipo de sociedade onde o problema se ponha.

V. A fiscalização exercida por um corpo profissional competente faz apelo aos revisores oficiais de contas. Organizados numa Ordem, os revisores oficiais de contas têm a seu cargo um papel importante, no domínio da fiscalização das sociedades e da tutela da confiança que, nelas, deposite o mercado.

A tendência recente para multiplicar instâncias parcelares de fiscalização pode comprimir o papel dos revisores oficiais de contas, com perdas para a visão de conjunto de que eles dispõem. Há que equilibrar as diversas intervenções. A cultura da revisão de contas é importante, sobretudo nas sociedades abertas: no fundo, ela operará como garantia visível da seriedade das propostas de investimento veiculadas junto do grande público.

Trata-se, também, de uma matéria de estudo especializado.

VI. O Ministério Público assume a capacidade de intervenção que lhe é dada pelos artigos 172.º e 173.º. Temos duas hipóteses essencialmente distintas, a considerar:

– a do contrato de sociedade sem forma legal;
– a do objecto da sociedade se tornar ilícito ou contrário à ordem pública.

Em qualquer dos casos, deve o Ministério Público requerer, sem dependência de acção declarativa, a liquidação judicial da sociedade, se ela não tiver sido iniciada pelos sócios ou não estiver terminada, no prazo legal. No tocante à sociedade sem forma legal, a intervenção do Ministério Público põe-se como mais uma vicissitude, na instância formativa. Já a ponderação da ilicitude superveniente do objecto da sociedade ou a sua contrariedade à ordem pública postulam um certo acompanhamento da vida societária. Aí residirá a dimensão fiscalizadora. Além do Ministério Público, outros oficiais públicos têm poderes de fiscalização, com relevo para os conservadores do registo comercial.

VII. Finalmente, temos o jogo das supervisões. Uma experiência que decorre dos *crashes* do século XIX mostra que certas áreas sensíveis requerem uma confiança do público que apenas um permanente acompanhamento do Estado pode assegurar. Como se verificou que o próprio Estado não era neutro, esse papel foi entregue a entidades independentes, ainda que de natureza pública, devidamente apetrechadas, em termos técnicos e dotadas, por lei bastante, de poderes de autoridade consequentes. A supervisão postula o acatamento de regras prudenciais e, portanto: de regras técnicas, que envolvem um domínio altamente especializado, onde apenas com cuidado se pode intervir. Perfilam-se as áreas institucionais da banca, dos seguros e dos valores mobiliários.

VIII. O grande desafio lançado à fiscalização, nas suas diversas manifestações, é o seguinte: como assegurar que ela seja profunda, de modo a sossegar os mercados e prevenir escândalos tipo Enron e, ao mesmo tempo, sem sufocar as empresas e a sua capacidade de criação. Na ausência de um certo risco não há ganhos extraordinários. E sem a miragem desse tipo de ganhos, o mercado ficará desmobilizado.

O campo está aberto e disponível para o estudo e a busca de melhores soluções.

60. A prestação de contas

I. A prestação de contas constituía, por tradição, um capítulo do Direito comercial, acima percorrido. Para aí remetemos[225]. Fica porém

---

[225]*Supra*, 71 ss..

110 *A prestação de contas no Direito das sociedades*

claro que boa parte das regras aí compreendidas tem a ver com as sociedades: é através delas que, na actualidade como há já muitos anos, se desenvolvem quer o comércio, quer a indústria.

A temática dos estalões internacionais da prestação de contas é, no fundamental, societária.

II. O modo colectivo pressuposto pelas sociedades gera, todavia, regras próprias, de tipo orgânico e relacionadas com a prestação de contas. A tal propósito, cabe recordar o capítulo VI da parte geral do Código das Sociedades Comerciais, precisamente intitulado *apreciação anual da situação da sociedade*. Tem o seguinte conteúdo:

- artigo 65.º (Dever de relatar a gestão e de apresentar contas);
- artigo 65.º-A (Adopção do período de exercício);
- artigo 66.º (Relatório de gestão);
- artigo 67.º (Falta de apresentação das contas e de deliberação sobre elas);
- artigo 68.º (Recusa de aprovação das contas);
- artigo 69.º (Regime especial de invalidade das deliberações);
- artigo 70.º (Depósitos);
- artigo 70.º-A (Depósitos para as sociedades em nome colectivo e em comandita simples).

III. Esta matéria contempla, no essencial, deveres dos administradores. Eles devem elaborar e submeter aos órgãos competentes (a assembleia geral ou, anteriormente, o conselho geral) o relatório de gestão, as contas do exercício e os demais documentos de prestação de contas previstos na lei e relativos a cada exercício anual (65.º/1). O contrato de sociedade pode completar a matéria, densificando-a, sem derrogar a lei (65.º/2). Este esquema visa, no fundamental, informar os sócios, os credores e o público em geral da verdadeira situação da sociedade[226].

O relatório de gestão deve ter o conteúdo explicitado no artigo 66.º. Trata-se de um preceito latamente alterado e alargado pelo Decreto-Lei nº 35/2005, de 17 de Fevereiro. Não sendo apresentado, bem como as contas do exercício e demais documentos de prestação

---

[226]MARIA ADELAIDE ALVES DIAS RAMALHO CROCA, *As contas do exercício/Perspectiva civilística*, ROA 1997, 629-667.

§ *15° A fiscalização e o dever de prestar contas*   111

de contas, pode qualquer dos sócios requerer ao tribunal que se proceda a inquérito – 67.°/1[227]. Seguir-se-á, então, o procedimento fixado nesse mesmo preceito.

IV. Havendo recusa de aprovação de contas, deve a assembleia geral deliberar motivadamente que se proceda à elaboração total de novas contas ou à reforma, em pontos concretos, das apresentadas (68.°/1). Compreende-se a preocupação subjacente: estando em causa, também, a informação aos credores e ao público, não podem os sócios, *ad nutum*, deliberar que, de todo, não há contas.

E quando sejam mandadas elaborar novas contas, defere-se aos administradores desconsiderados requerer inquérito judicial: mas apenas quando esteja em causa matéria para a qual haja critérios legais (68.°/2). As regras em presença determinam o regime de invalidade das deliberações sociais prescrito no artigo 69.°.

61. A informação empresarial simplificada (IES)

I. A prestação de contas dá azo a documentos e sujeita-se a registo. Além disso, as sociedades ficam adstritas a diversas outras declarações que se reportam, fundamentalmente, aos mesmos elementos. Particularmente nas pequenas empresas, uma percentagem não despicienda da riqueza por elas criada era absorvida com custos contabilísticos, de funcionamento e de redocumentação; além disso, muito tempo de trabalho útil dos administradores era absorvido com as tarefas burocráticas inerentes a todas essas tarefas. Cabia ao legislador intervir.

II. Efectivamente, isso veio a suceder através do Decreto-Lei n° 8/2007, de 17 de Janeiro, que estabeleceu a informação empresarial simplificada ou IES. Esta informação, segundo se lê no preâmbulo desse diploma[228]:

---

[227] RCb 1-Fev.-2000 (ANTÓNIO GERALDES), CJ XXV (2000) 1, 15-17 (16/II) = BMJ 494 (2000), 406/II.

[228] DR I Série, n° 12, de 17-Jan.-2007, 378/II.

(...) que agrega num único acto o cumprimento de quatro obrigações legais pelas empresas que se encontravam dispersas e nos termos das quais era necessário prestar informação materialmente idêntica a diferentes organismos da Administração Pública por quatro vias diferentes.

Com efeito, segundo o artigo 2º/1 do diploma, o IES abrange:

a) A declaração anual de informação contabilística e fiscal prevista no Código do IRS;
b) *Idem*, prevista na do IRC;
c) O registo da prestação de contas;
d) A prestação de informação estatística ao INE;
e) A prestação de informação estatística ao Banco de Portugal.

O envio dessa informação é feito para o Ministério das Finanças por via electrónica (4º) no prazo de seis meses após o exercício económico (6º).

III. A IES é submetida pelas entidades competentes para a entrega das informações de natureza contabilística e fiscal (6º). É devida uma taxa (7º), sendo o incumprimento sancionado nos termos previstos na legislação respeitante a cada uma das obrigações que aquela compreende (8º).

Trata-se de uma reforma que merece aplauso.

IV. Esta inovação deve ainda ser aproximada da nova redacção dada ao artigo 70º do CSC pelo mesmo Decreto-Lei nº 8/2007. A sociedade deve disponibilizar aos interessados, sem encargos, no respectivo sítio da Internet, quando exista e na sua sede, cópia integral dos seguintes documentos (nº 2):

a) Relatório de gestão;
b) Certificado legal de contas;
c) Parecer do órgão de fiscalização, quando exista.

Todas estas alterações têm a ver com formalidades. Todavia, elas integram-se numa lógica global da sociedade de informação permitindo introduzir, com o tempo, verdadeiros saltos qualitativos no funcionamento das sociedades.

§ 16° A defesa do capital e a constituição financeira

62. Capitais próprios; a constituição financeira

I. O funcionamento de uma sociedade comercial, num fenómeno particularmente visível nas sociedades anónimas, é suportado por fluxos monetários. Aplicam-se-lhes regras especializadas a cujo conjunto a moderna comercialística chama a "constituição financeira das sociedades"[229]. Nesse domínio, é habitual a distinção entre:

– capitais próprios;
– capitais alheios.

Os capitais próprios, com exemplo nas sociedades anónimas, abrangem, designadamente:

– o capital social, correspondente à soma do valor nominal das acções subscritas;
– as reservas de ágio ou de prémio de emissão, correspondentes à soma do sobrevalor por que, com referência ao valor nominal, as acções tenham sido colocadas;
– o montante de outras prestações feitas pelos accionistas;
– as reservas livres, constituídas por lucros não distribuídos e para elas encaminhados;
– a reserva legal, imposta por lei;
– outras reservas.

---

[229] KARSTEN SCHMIDT, *Gesellschaftsrecht*, 4ª ed. cit., 876 ss. e THOMAS RAISER/RÜDIGER VEIL, *Recht der Kapitalgesellschaften*, 4ª ed. (2006), 281 ss., com múltiplas indicações. Esta matéria prende-se com a escrituração comercial, aplicável às sociedades. Cf. o nosso *Escrituração comercial, prestação de contas e disponibilidade do ágio nas sociedades anónimas*, em *Estudos em homenagem ao Professor Doutor Inocêncio Galvão Telles*, vol. IV (2003), 573-598.

Dizem-se capitais alheios, *inter alia*:

– obrigações;
– opções, *convertible bonds*;
– títulos de participação nos lucros e outros empréstimos.

II. No tocante aos capitais próprios, há que lidar com as regras gerais derivadas da escrituração mercantil e da prestação de contas e, ainda, com regras especialmente prescritas para este aspecto da vida societária[230]. O Direito toma diversas medidas destinadas a proteger o capital social[231]. Elas visam a defesa dos terceiros, particularmente quando credores e, ainda, a tutela das próprias sociedades, dos sócios e do comércio em geral.

III. Bastante relevantes são as regras atinentes à temática das reservas. Como ponto de partida, devemos ter bem presente que as sociedades comerciais operam dentro do Direito privado. Nessas condições, tem plena aplicação o aforismo de que é permitido quanto não for proibido por lei. Todavia, estamos num campo em que se jogam posições que as leis modernas vêm, por vezes, acautelar. Assim:

– o interesse dos sócios minoritários;
– os direitos de terceiros credores da sociedade;
– o valor social representado pela própria sociedade.

As leis de protecção, para além dos aspectos procedimentais de contabilidade e de prestação de contas, regulam a hipótese de distribuição de lucros aos sócios. Tal distribuição pode afectar duplamente as reservas: ora impedindo a sua formação, ora implicando o seu desaparecimento. Em toda a problemática subsequente, devemos ter presente a natureza essencialmente lucrativa do giro comercial. As empresas, em especial quando assumam a forma de sociedades comerciais, visam produzir e captar lucros. Só assim elas poderão congregar os capitais necessários para a subsequente criação de riqueza.

Há, pois, que encontrar uma bissetriz justa e adequada entre a tutela dos valores em jogo, que exige certas regras atinentes aos

---

[230] KARSTEN SCHMIDT, *Gesellschaftsrecht*, 4ª ed. cit., 908 ss..
[231] *Vide* a obra colectiva publ. MARCUS LUTTER, *Legal Capital in Europe* (2006), 701 pp..

§ 16° *A defesa do capital e a constituição financeira*   115

capitais próprios e a protecção do lucro, condição *sine qua non* de funcionamento do sistema.

IV. No Direito francês, a matéria das reservas e da distribuição dos dividendos era tratada no Código das Sociedades de 1966, particularmente alterado neste domínio, pela Lei n.° 83-353, de 30 de Abril de 1983, em textos transpostos sem alteração para o novo Código de Comércio.

A reserva legal vem prevista no artigo 345° daquele Código (hoje artigo L. 232-10, do Código de Comércio), que dispõe, em tradução aproximada:

> Sob pena de nulidade de toda a deliberação em contrário, nas sociedades por quotas e anónimas, procede-se, sobre os lucros de exercício diminuídos, quando seja o caso, das perdas anteriores, a um desconto de, pelo menos, um vigésimo, afecto à formação de um fundo de reserva dito reserva legal.
>
> Esse desconto deixa de ser obrigatório logo que a reserva atinja o décimo do capital social.

No tocante à distribuição de lucros, dispõe o artigo 346° do mesmo diploma (hoje artigo L. 232-11, do Código de Comércio):

> O lucro distribuível é constituído pelo lucro do exercício abatido das perdas anteriores, assim como das quantias a levar em reserva, em aplicação da lei ou dos estatutos e aumentado pela relação beneficiária.
>
> Além disso, a assembleia geral pode decidir a distribuição de quantias retiradas das reservas de que ela tenha a disposição; nesse caso, a deliberação indica expressamente as reservas sobre as quais os levantamentos sejam efectuados. Contudo, os dividendos são retirados prioritariamente sobre o lucro distribuível do exercício.
>
> Excepto no caso de redução do capital, nenhuma distribuição pode ser feita aos accionistas quando, na sequência desta, os capitais próprios sejam ou se tornem inferiores ao montante do capital aumentado pelas reservas que a lei ou os estatutos não permitem distribuir.
>
> O produto da reavaliação não é distribuível; pode ser incorporado, no todo ou em parte, no capital.

A lei parece bastante clara. Apenas a reserva legal e os capitais próprios, nos limites apontados, não são distribuíveis. Outras hipóteses poderão resultar dos estatutos.

116   A prestação de contas no Direito das sociedades

Os prémios de emissão vêm previstos no artigo 179 do Código das Sociedades. O seu montante mínimo vem, nalguns casos, fixado no artigo 352 do mesmo Código.

Os prémios de emissão dão lugar a uma reserva correspondente. Como se viu, a lei não faz impender, sobre eles, nenhuma indisponibilidade. Explica a doutrina que nada se opõe a que ela seja, com as outras reservas, ulteriormente distribuída entre os sócios[232].

V. A constituição financeira das sociedades anónimas no Direito alemão resulta de múltiplas regras: gerais e especiais[233]. Para os presentes propósitos, vamos centrar-nos no tema da distribuição de lucros.

O preceito-chave é constituído pelo § 150 do *Aktiengesetz* ou Lei das Sociedades Anónimas, de 1965[234]. Dispõe, no essencial, em tradução aproximada:

(1) No balanço anual, a elaborar segundo os §§ 242 e 264 do Código Comercial, deve-se constituir uma reserva legal.

(2) Nesta deve-se inserir a vigésima parte do resultado anual, deduzido das perdas do ano anterior, até que a reserva legal e a reserva de capital segundo o § 272/2, 1 a 3, do Código Comercial, alcance o décimo do capital social ou uma percentagem superior fixada nos estatutos.

(3) Enquanto a reserva legal e a reserva de capital segundo o § 272/2, 1 a 3, do Código Comercial, juntas, não ultrapassarem o décimo do capital social ou a percentagem superior fixada nos estatutos, elas só podem ser usadas:

1. Para compensar um défice anual, na medida em que ele não esteja coberto pelo superave do ano anterior e que não possa ser compensado pela dissolução de outras reservas;

2. Para compensar uma relação deficitária do ano anterior, na modalidade em que ela não esteja coberta por um excedente anual e que não possa ser compensado pela dissolução de outras reservas.

(4) Quando a reserva legal e a reserva de capital segundo o § 272/2, 1 a 3, do Código Comercial ultrapassem, juntas, o décimo do capital social ou a percentagem superior fixada nos estatutos, a parte excedentária pode ser usada:

---

[232] MICHEL JEANTIN, *Droit des sociétés*, 2ª ed. (1992), 66.

[233] KARSTEN SCHMIDT, *Gesellschaftsrecht*, 4ª ed. cit., 876-918.

[234] Quanto ao § 150 AktG, com elementos evolutivos, BRUNO KROPFF em GESSLER/ HEFERMEHL/ECKARDT/KROPFF, *Aktiengesetzkommentar*, III (1973), 60 ss. e UWE HÜFFER, *Aktiengesetz*, 7ª ed. cit., 817 ss..

§ 16° A defesa do capital e a constituição financeira 117

1. Para compensar um défice anual, na medida em que ele não esteja coberto pelo *superavit* do ano anterior.
2. Para compensar uma relação deficitária do ano anterior, na medida em que ela não esteja coberta por um excedente anual.
3. Para um aumento de capital com os meios da sociedade, segundo os §§ 207 a 230.

2 A utilização prevista nos números 1 e 2 não é permitida quando simultaneamente as reservas facultativas sejam dissolvidas para repartição de lucros.

A doutrina distingue entre as reservas legais – as referidas no § 150/2, acima transcrito – e as restantes, ditas "reservas livres". Estas últimas podem ser usadas para aumento de capital ou para distribuir como benefícios[235].

As reservas livres não foram, assim, sujeitas ao estrito regime das reservas legais.

VI. A actual lei italiana – o Código Civil, com as alterações introduzidas pelo Decreto Legislativo n.º 127, de 9 de Abril de 1991 – dispõe directamente sobre o tema que nos ocupa. Passamos a transcrever os seus artigos 2430.º e 2431.º, em tradução aproximada[236]:

2430° Reserva legal

Dos lucros líquidos anuais deve ser deduzida uma soma correspondente pelo menos à sua vigésima parte para constituir uma reserva, enquanto esta não alcançar o quinto do capital social.

A reserva deve ser reintegrada segundo a regra do parágrafo antecedente se ficar diminuída por qualquer razão.

Ficam ressalvadas as disposições das leis especiais.

2431° Sobrepreço das acções

As somas percebidas pela sociedade pela emissão de acções a um preço superior ao seu valor nominal não podem ser distribuídas enquanto a reserva legal não tiver atingido o limite estabelecido no artigo 2430.º.

---

[235] Cf. ULRICH EISENHARDT, *Gesellschaftsrecht*, 9ª ed. (2000), 273-274.

[236] Preceitos não alterados em 2003; cf. PAULO COSTANZO e outros, *Le società / Commento al D. lgs 6/2003* (2003), 168.

VII. Perante o teor do transcrito artigo 2431º, a doutrina não tem dificuldade em afirmar que, no tocante ao prémio de emissão, o mesmo é distribuível, logo que se mostre integrada a reserva legal[237].

63. A distribuição de bens aos sócios

I. Consequência directa da personalização das sociedades é a separação patrimonial: os bens da sociedade não se confundem com os dos sócios. Mau grado essa lógica, os sócios têm, no seu conjunto, o controlo da sociedade. Poderão entender, dentro da sua autonomia privada, que a sociedade não necessita de determinados bens ou que, de todo o modo, eles melhor ficariam nas mãos dos diversos sócios. Não poderão deliberar uma distribuição, mais ou menos importante, de bens aos sócios?

A resposta, à luz do Direito privado, seria tendencialmente positiva. Todavia, dois óbices podem ser invocados:

– o interesse dos credores da sociedade;
– a própria confiança do público na estabilidade dos entes colectivos.

Como se compreenderá, particularmente nas sociedades de capitais, cuja responsabilidade é limitada, não é indiferente, aos credores, a consistência do património da sociedade e os bens que, no mesmo, se encontrem. O Direito procurará acautelar esta vertente. Além disso, deve haver, na comunidade, uma confiança generalizada na estabilidade dos entes colectivos. Não se compreenderia que os bens circulassem, sem mais, entre a sociedade e os sócios. Mesmo quando nada obste a tal circulação, compreende-se que se fixem formalidades e instâncias de controlo que dignifiquem as sociedades e a todos tranquilizem.

II. O artigo 32.º contém uma norma básica para a tutela dos credores, que clara fica com a sua transcrição:

---

[237] FRANCESCO FERRARA/FRANCESCO CORSI, *Gli imprenditori e le società*, 9ª ed. (1994), 665; na 13ª ed. (2006), 745.

§ *16° A defesa do capital e a constituição financeira*   119

Sem prejuízo do preceituado quanto à redução do capital social, não podem ser distribuídos aos sócios bens da sociedade quando a situação líquida desta, tal como resulta das contas elaboradas e aprovadas nos termos legais, for inferior à soma do capital e das reservas que a lei ou o contrato não permitem distribuir aos sócios ou se tornasse inferior a esta soma em consequência da distribuição.

No fundo, esta norma pretende que apenas possam ser distribuídos aos sócios, valores que, tecnicamente, se possam considerar *lucros*[238]. Em princípio, no que a situação líquida ultrapasse o capital e as reservas não distribuíveis, há "lucro". Como as dívidas são encontradas na situação líquida, a posição dos credores fica assegurada.

Na hipótese de o próprio capital ser considerado excessivo: queda a solução da redução do capital: equivale a uma modificação do contrato – 85.º e seguintes – com regras próprias – 94.º e seguintes[239].

III. A coerência do sistema é, depois, assegurada por um conveniente processo de distribuição de bens. Consta ele do artigo 31.º, traduzindo-se, essencialmente, no seguinte:

– a distribuição de bens (salvo a hipótese de distribuição antecipada de lucros e outros casos previstos na lei) depende de deliberação dos sócios – n.º 1;
– mesmo quando tomada, tal deliberação não deve ser executada pelos administradores quando tenham fundadas razões para crer: que alterações ocorridas no património social tornariam a distribuição ilícita perante o artigo 32.º, que, de todo o modo, violem os artigos 32.º e 33.º ou que assentou em contas inadequadas – n.º 2; quando optem pela não execução, os administradores devem requerer inquérito judicial;
– a distribuição também não terá lugar após a citação da sociedade "... para a acção de invalidade de deliberação de aprovação do balanço ou de distribuição de reservas ou lucros de exercício ..." – n.º 4 – sendo os autores de tal acção responsáveis, solidariamente, pelos prejuízos que causem aos outros sócios, quando litiguem temerariamente ou de má fé – n.º 5.

---

[238] Cf. PAULO DE TARSO DOMINGUES, *Do capital social* cit., 108.
[239] Vide, *Manual de Direito das Sociedades*, 1, 955 ss..

120   *A prestação de contas no Direito das sociedades*

IV. Os bens indevidamente recebidos pelos sócios devem ser restituídos à sociedade: tal o sentido geral do artigo 34.º. Todavia, fica protegida a posição dos sócios de boa fé – 34.º/1 – sendo o todo aplicável aos transmissários dos direitos dos sócios – n.º 2.

Os credores podem propor acção para restituição, à sociedade, das importâncias em causa, tendo ainda acção contra os administradores – 34.º/3. O n.º 4 regula o ónus da prova, enquanto o n.º 5 alarga o dispositivo da restituição a "... qualquer facto que faça beneficiar o património das referidas pessoas dos valores indevidamente atribuídos".

Temos, aqui, manifestações do instituto da repetição do indevido – artigos 476.º, do Código Civil.

64. Lucros e reservas não distribuíveis

I. A tutela do capital social encontra, no nosso Código das Sociedades Comerciais, um tratamento em duas partes:

- na da parte geral, isto é, em sede de regras aplicáveis, em geral, a todas as sociedades;
- na da parte especial, relativa às sociedades anónimas, constando de normas que são também mandadas aplicar às sociedades por quotas.

Todas estas regras devem ser interpretadas e aplicadas em conjunto.

II. O artigo 33.º do Código das Sociedades Comerciais, epigrafado "lucros e reservas não distribuíveis" e inserido na parte geral, dispõe:

1. Não podem ser distribuídos aos sócios os lucros do exercício que sejam necessários para cobrir prejuízos transitados ou para formar ou reconstituir reservas impostas por lei ou pelo contrato de sociedade.

2. Não podem ser distribuídos aos sócios lucros do exercício enquanto as despesas de constituição, de investigação e de desenvolvimento não estiverem completamente amortizados, excepto se o montante das reservas livres e dos resultados transitados for, pelo menos, igual ao dessas despesas não amortizadas.

§ *16° A defesa do capital e a constituição financeira* 121

3. As reservas cuja existência e cujo montante não figurem expressamente no balanço não podem ser utilizadas para distribuição aos sócios.

4. Devem ser expressamente mencionadas na deliberação quais as reservas distribuídas, no todo ou em parte, quer isoladamente quer juntamente com lucros de exercício.

O artigo 33.º/1 proíbe a distribuição de lucros do exercício que se mostrem necessários para cobrir prejuízos transitados ou para formar ou reconstituir reservas obrigatórias, por lei ou pelos estatutos. O preceito parece claro. A lei não define "lucros de exercício", sendo de presumir que recorre ao sentido comum dessa expressão. Por outro lado, a proibição reporta-se a "lucros (...) *necessários* para cobrir prejuízos transitados ou para formar ou reconstituir reservas ..."*A contrario*, cabe distribuição de lucros quando os prejuízos transitados possam, legalmente, ser cobertos de outra forma. O exemplo de escola será o de a sociedade ter constituído uma reserva facultativa destinada, precisamente, a enfrentar determinados prejuízos previsíveis: ocorrendo estes, a sua cobertura está assegurada; os lucros podem ser distribuídos, nos termos legais.

A solução apontada aflora no artigo 33.º/2. Veda-se, aí, a distribuição de lucros do exercício, enquanto as despesas de constituição, de investigação e de desenvolvimento não estiverem completamente amortizadas. Solução lógica: trata-se de despesas de lançamento de sociedade; se ainda não estiverem cobertas, não há, em bom rigor, "lucros" a referenciar. Todavia, a proibição cessa se o montante das reservas livres e dos resultados transitados for, pelo menos, igual ao dessas despesas não amortizadas. O legislador pretende, de facto, que certas despesas não sejam deixadas a descoberto, a pretexto de distribuição de lucros. A proibição já não faz sentido, quando existam esquemas reais e efectivos que assegurem a pretendida cobertura. O Direito das sociedades comerciais deve traduzir o império da verdade económica e funcional: não uma área de formalismo.

O artigo 33.º/3 proíbe a distribuição das chamadas "reservas ocultas". Duas razões depõem nesse sentido:

– sendo "ocultas", as "reservas" escapam ao conhecimento e ao controlo dos sócios e de credores; a sua distribuição surgiria como uma pura disposição do património social;

122 *A prestação de contas no Direito das sociedades*

– não constando da contabilidade, as "reservas ocultas" põem em crise a verdade do balanço e da prestação de contas, mais se agravando essa situação com a sua distribuição.

Este preceito tem, ainda, um papel importante: *a contrario*, diz-nos que *podem ser distribuídas* as reservas cuja existência e cujo montante figurem, expressamente, no balanço. E, *a fortiori*, elas poderão ser usadas para, por exemplo, cobrir prejuízos transitados.

Finalmente, o artigo 33.º/4 traduz um afloramento do princípio da verdade e da transparência: havendo distribuição de reservas, seja em que termos for, a deliberação deve mencioná-lo, de modo expresso.

III. Como vimos, o artigo 33.º/1 referia a hipótese de haver reservas impostas por lei. Encontramos agora, no artigo 295.º, a imposição de tal reserva: a "reserva legal". O n.º 1 desse artigo[240] dispõe:

> Uma percentagem não inferior à vigésima parte dos lucros da sociedade é destinada à constituição da reserva legal e, sendo caso disso, à sua reintegração, até que aquela represente a quinta parte do capital social. No contrato de sociedade podem fixar-se percentagem e montante mínimo mais elevados para a reserva legal.

O regime da reserva legal é, depois, completado pelo artigo 296.º:

> A reserva legal só pode ser utilizada:
> *a*) Para cobrir a parte do prejuízo acusado no balanço do exercício que não possa ser coberto pela utilização de outras reservas;
> *b*) Para cobrir a parte dos prejuízos transitados do exercício anterior que não possa ser coberto pelo lucro do exercício nem pela utilização de outras reservas;
> *c*) Para incorporação no capital.

O quadro do regime da reserva legal é claro e preciso:

– advém de, pelo menos, 1/20 dos lucros anuais;
– até atingir 1/5 do capital social;
– e só podendo ser usada para os fins do artigo 296.º, acima transcrito.

As cifras podem ser majoradas pelo pacto social: não diminuídas.

---

[240]Preceito que tem, de resto, equivalente directo nas leis francesa, alemã e italiana, acima examinadas.

§ *16° A defesa do capital e a constituição financeira*   123

IV. O artigo 295.° do Código das Sociedades Comerciais dispõe, de seguida:

> Ficam sujeitas ao regime da reserva legal as reservas constituídas pelos seguintes valores:
> *a*) Ágios obtidos na emissão de acções ou obrigações convertíveis em acções, em troca destas por acções e em entradas em espécie;
> *b*) Saldos positivos de reavaliações monetárias que forem consentidas por lei, na medida em que não forem necessários para cobrir prejuízos já acusados no balanço;
> *c*) Importâncias correspondentes a bens obtidos a título gratuito, quando não lhes tenha sido imposto destino diferente, bem como acessões e prémios que venham a ser atribuídos a títulos pertencentes à sociedade.

O artigo 295.°/3 explica, com diversos pontos, em que consistem os ágios referidos na alínea *a*), acima transcrita: englobam, designadamente, o chamado prémio de emissão das acções. Pergunta-se: as reservas em causa ficam sujeitas a *todo o regime legal* ou apenas a *parte dele*? Com a seguinte consequência prática:

- se for a *todo o regime legal*, as reservas facultativas elencadas no artigo 295.°/2 só ficariam "congeladas" até à concorrência de 1/5 do capital social;
- se for *parte do regime* – e sendo a "parte" o artigo 296.° –, ficariam "congeladas" sem limite de montante.

A questão nem deveria pôr-se: se a lei remete para o "regime legal", é obviamente todo. Fazer amputações apenas poderá conduzir a distorções em absoluto inimputáveis a qualquer legislador razoável, como adiante melhor se verá.

V. O problema ocorreu por via dos trabalhos preparatórios do Código. No anteprojecto do que viria a ser o artigo 33.°, de ALBERTO PIMENTA[241], dispunha-se, num artigo 4.°, quanto à constituição da reserva legal, nestes termos:

---

[241] ALBERTO PIMENTA, *A prestação das contas do exercício nas sociedades comerciais*, BMJ 200 (1970), 11-106, 201 (1970), 5-71, 202 (1971), 5-57, 203 (1971), 5-53, 204 (1971), 5-48, 205 (1971), 5-58, 207 (1971), 5-46 e 209 (1971), 5-36.

124 *A prestação de contas no Direito das sociedades*

1. É obrigatória a constituição de uma reserva legal.
2. A reserva legal só poderá atingir a décima parte do capital subscrito, sedo ilícita qualquer alteração estatutária ou qualquer deliberação da assembleia geral, mesmo tomada por unanimidade, que altere, por qualquer forma, esse limite.
3. A reserva legal será constituída ou reintegrada, até ao limite estabelecido na alínea anterior, pelos seguintes valores:

a) A vigésima parte, pelo menos, do saldo positivo anual, indicado no balanço, deduzidos dos prejuízos transportados do ano anterior;

b) Os ágios obtidos na emissão de qualquer tipo de acções, na emissão de obrigações convertíveis, na troca destas acções e nas entradas em espécie;

(...)

O texto do anteprojecto, quando recorria a reservas livres para integrar a reserva legal, dizia, de modo expresso, que isso sucedia *até ao limite desta*. Ora o Código de 1986, que adoptou uma diferente distribuição da matéria, deixou de o dizer. Terá querido afectar, sem limites, determinadas reservas livres, à reserva legal?

Pronunciando-se sobre o tema, Cassiano dos Santos considera que o artigo 33.º do Código das Sociedades Comerciais determina o "lucro de exercício distribuível", mas nada diz sobre o que seja "lucro". E para fixar este, esse Autor recorre ao artigo 295.º/2 do mesmo Código, escrevendo que as "reservas" nele referidas ficam sujeitas ao artigo 296.º, não podendo ser distribuídas. Invoca – conquanto que sem explicar – os elementos sistemático e gramatical[242].

Anteriormente, Raúl Ventura, baseado na evolução dos trabalhos preparatórios, veio dar uma interpretação paralela ao artigo 295.º, aqui em causa; não deixa, aliás, de formular algumas críticas ao esquema finalmente estabelecido na lei[243].

Posição contrária é a de Pinto Furtado. Este Autor, a propósito da reserva legal, opina que apenas ficará em indisponibilidade a parcela correspondente à exigência legal; uma vez ultrapassado, a parcela excedentária será reserva livre, podendo ser desafectada[244] e, logo, distribuída. Assim é.

---

[242] Filipe Cassiano dos Santos, *A posição do accionista face aos lucros de balanço / O direito do accionista ao dividendo no Código das Sociedades Comerciais* (1996), 29-31; a p. 31, nota 33, o Autor refere alguma doutrina italiana, explicando que a matéria é, aí, debatida.

[243] Raúl Ventura, *Sociedades por Quotas*, vol. I (1987), 345 ss. (355-356).

[244] Jorge Pinto Furtado, *Curso de Direito das Sociedades*, 5ª ed. (2004), 326.

65. A manutenção das reservas legais

I. O artigo 295.º/2 do Código das Sociedades Comerciais, quando sujeita ao regime da reserva legal determinadas reservas livres, designadamente as constituídas pelos prémios de emissão de acções, fá-lo apenas nos limites de 1/5 do capital social e isso se essa parcela não estiver já coberta pela reserva legal e na medida em que isso (não) suceda.

E assim sucede por várias razões, todas elas confluentes e que passamos a referenciar.

II. Em primeiro lugar, temos um claro elemento gramatical. O artigo 295.º/2 do Código das Sociedades Comerciais sujeita determinadas reservas livres "... ao regime da reserva legal ...". *Não distingue: logo, é todo o regime.* Um dos traços mais marcantes desse regime, que acode ao espírito de qualquer intérprete-aplicador, é o do limite quantitativo: 1/5 do capital.

Em segundo lugar, um elemento sintático. O artigo 295.º/1 indica os primeiros e mais impressivos traços do regime da reserva legal: o modo de constituição e o montante. E *é nessa sequência* que o n.º 2 explicita: *ficam sujeitas ao regime de reserva legal* (...). Esse aspecto *quantitativo* do regime estava directa e necessariamente em causa, parecendo impensável vir escamoteá-lo, apelando apenas a aspectos mais distantes.

Em terceiro lugar, um elemento sistemático. Todo o sistema do Código aponta para um regime de "mínimos", os quais são ultrapassados por expressa disposição estatutária. Alcançados esses mínimos, a própria reserva legal excedentária fica disponível. Não se compreende como, de modo enviesado, o legislador iria ampliar *a latere*, sem limite e à custa da liberdade empresarial, as verbas congeladas.

Neste ponto, a globalidade do sistema, com apoio na autonomia privada e no espaço de liberdade que necessariamente aflora nas sociedades comerciais, sempre exigiria a solução que propugnamos. A hipótese inversa, por contrariedade ao sistema e a valores fundamentais, suscitaria, inclusive, problemas de (in)constitucionalidade, a prevenir pela interpretação.

§ 17º A aquisição de acções próprias

66. O problema e a sua evolução

I. As acções funcionam como representações figurativas da inerente posição social. Nas sociedades abertas, elas estão disponíveis, circulando no mercado: qualquer interessado adquire-as. Nas fechadas, a sua aquisição é possível, havendo um sócio vendedor. Em ambos os casos: pode agir como compradora a sociedade de cujas acções se trate. Teremos, então, as denominadas "acções próprias".

O fenómeno das acções próprias era conhecido desde o século XIX[245]: impôs-se como pura decorrência da objectivação das acções e da sua livre circulação no mercado. Todavia, ele levanta dificuldades e, desde logo, a seguinte: a aquisição de uma acção própria pode envolver um reembolso mascarado do valor realizado, implicando a diminuição do capital, com riscos para os credores e com quebra de igualdade entre os próprios sócios[246].

Mas além disso, a aquisição de acções próprias[247]:

- desequilibra o funcionamento interno das sociedades, uma vez que a administração passaria a dispor dos votos correspondentes às acções próprias;
- falseia as regras do mercado, podendo dar corpo a uma procura artificial de acções, com a não menos artificial e consequente subida de cotações;

---

[245] Em especial: SIEGFRIED SCHÖN, *Geschichte und Wesen der eigene Aktien* (1937), 1 ss., bem como as referências de LORENZO MOSSA, *Trattato del nuovo diritto commerciale*, IV – *Società per azioni* (1957), 334.

[246] GASTONE COTTINO, *Società (diritto vigente): società per azioni*, NssDI XVII (1970), 570-670 (608/I).

[247] *Vide* o *Manual de Direito das Sociedades*, 2, 357-358, quanto ao tema paralelo das quotas próprias.

§ 17° A aquisição de acções próprias

– artificializa o esquema societário, que perde na dimensão básica da cooperação entre pessoas;
– desequilibra qualquer negociação: a sociedade, por definição, dispõe de informação privilegiada sobre o seu estado económico e sobre as suas perspectivas, podendo tirar partido desse conhecimento, em detrimento do público interessado.

II. O recurso a acções próprias contribuiu, ao longo das crises do século XIX e da primeira parte do século XX, para mascarar, durante algum tempo, as quebras de cotações. Mas o *crash* subsequente ainda resultava mais complicado. As diversas legislações vieram, deste modo, restringir ou mesmo proibir a aquisição de acções próprias[248]. Todavia, em certas margens, tal aquisição poderia exibir determinadas vantagens:

– representaria o único destino possível nos casos de perda ou de abandono de acções;
– preveniria a entrada de sócios objectivamente indesejáveis, cuja presença representaria um prejuízo para a própria sociedade: pense-se em sócios concorrentes;
– evitaria a dispersão do capital, quando desvantajosa;
– traduziria uma defesa perante quebras conjunturais de cotações;
– daria corpo a uma certa linha de defesa contra OPAs hostis.

O desafio estava lançado: caberia aos legisladores encontrar um ponto de equilíbrio no qual, pelo menos em certa medida, seriam admitidas as acções próprias.

III. A experiência recente francesa no tocante às acções próprias é bastante elucidativa.

Na preparação do Código das Sociedades de 1966, prevaleceu uma visão restritiva da aquisição. Assim, a versão original do seu artigo 217.° dispunha[249]:

---

[248]Assim sucedeu na Alemanha, com a reforma de 1931 e, depois, com a lei de 1937. Abaixo referiremos a experiência francesa.

[249] Cf. *Code des sociétés*, 17ª ed. (2000), intr. PAUL LE CANNU, 367.

128 *A prestação de contas no Direito das sociedades*

São proibidas a subscrição e a compra, pela sociedade, das suas próprias acções, seja directamente, seja através de uma pessoa que aja em seu nome, mas por conta da sociedade.

Contudo, a assembleia geral que haja decidido uma redução do capital não motivada por perdas pode autorizar o conselho de administração ou o directório, consoante os casos, a comprar um número determinado de acções, para as anular.

(...)

Nesta redacção muito restritiva, foi tido especialmente em conta o facto de, por via da aquisição das próprias acções, poder entrar em crise o princípio da intangibilidade do capital social. Tal visão foi posta em causa[250].

Muito impressivo: o modelo americano, que permitia, às sociedades com excedentes, a diminuição dos seus títulos, provocando a subida das cotações e o aumento dos benefícios por título; além disso, haveria aqui uma medida contra OPAs predadoras, permitindo em simultâneo, ao accionista vendedor, a reinjecção dos seus fundos em novas operações mobiliárias. Tudo isto pesou em França: na base do relatório Esambert, a Lei de 2-Jul.-1998 veio alterar o Código das Sociedades, introduzindo-lhe os artigos 217-1A a 217-10, que facultavam, numa série de circunstâncias, a aquisição de acções próprias[251].

A matéria consta hoje do Código de Comércio: artigos L. 225-206 a L. 225-217[252]. A aquisição de acções próprias torna-se possível, até 10% do capital.

Em termos mobiliários desenvolveram-se as OPRA: ofertas públicas de recompra de acções, que conheceram um vivo êxito[253].

IV. O Direito alemão das sociedades anónimas parte, também, de uma proibição de princípio, na qual abre, depois, numerosas excepções[254]. Hoje, o § 56 do AktG proíbe a subscrição de acções

---

[250] PHILIPPE MERLE, *Droit commercial/sociétés commerciales*, 10ª ed. (2005), 327 ss., com diversos elementos.

[251] *Code des sociétés* cit., 17ª ed., 368-372.

[252] *Code de commerce*, 102ª ed. da Dalloz (2007), anot. NICOLAS RONTCHEVSKY, colab. ÉRIC CHEVRIER e PASCAL PISONI, 318-321.

[253] PHILIPPE MERLE, *Droit commercial/sociétés commerciales*, 9ª ed. (2003), 322-325.

[254] KARSTEN SCHMIDT, *Gesellschaftsrecht* cit., 4ª ed., 894 e GÖTZ HUECK/CHRISTINE WINDBICHLER, *Gesellschaftsrecht*, 20ª ed. (2003), 357 ss..

§ *17° A aquisição de acções próprias* 129

próprias[255], enquanto o § 71 do mesmo diploma se limita a enunciar os casos nos quais a aquisição é admitida, sendo de transcrever logo o primeiro[256]:

A sociedade só pode adquirir acções próprias:
1. Quando a aquisição seja necessária para evitar um dano pesado e eminente à sociedade;

(...)

Seguem-se outras "excepções": algumas latas, que têm vindo a ser aprofundadas pela doutrina e pela jurisprudência[257].

V. A ligação existente entre o tema das acções próprias e a tutela do capital chamou a atenção do legislador europeu. As acções próprias foram objecto da 2ª Directriz do Direito das sociedades[258], cujos artigos 18.° a 24.° se reportam, precisamente, às acções próprias[259].

Seguiram-se-lhe diversas alterações legislativas nacionais, na linha da harmonização[260] e que acabariam por ter reflexos significativos no Código das Sociedades Comerciais de 1986.

A 2ª Directriz foi alterada pela Directriz n.° 92/101/CEE, de 23 de Novembro, que lhe aditou um artigo 24.°-A, sobre acções detidas por sociedades dominadas[261].

A influência comunitária originou estudos em diversos países[262].

---

[255] UWE HÜFFER, *Aktiengesetz* cit., 6ª ed., § 51 (279 ss.).

[256] Com elementos: UWE HÜFFER, *Aktiengesetz* (2006), 7ª ed., § 71 (348-349) e WIESNER, no *Münchener Handbuch* cit., 4, § 15 (112 ss.).

[257] HANS-JOACHIM KOPP, *Erwerb eigener Aktien/ökonomische Analyse vor dem Hintergrund von Unternehmenverfassung und Informationseffizienz des Kapitalmarktes* (1996), 197 pp. e ANDREAS BENCKENDORFF, *Erwerb eigener Aktien im deutschen und US-Amerikanischen Recht* (1998), 335 pp..

[258] Mais precisamente a Directriz n.° 77/91/CEE, de 13 de Dezembro de 1976, publ. no JOCE N.° L-26, 1-13, de 31-Jan.-1977 e no nosso *Direito europeu das sociedades*, (2005), 181-203.

[259] MATHIAS HABERSÄCK, *Europäisches Gesellschaftsrecht*, 3ª ed. cit., 154-159 e STEFAN GRUNDMANN, *Europäisches Gesellschaftsrecht* (2004), 155-157.

[260] UWE HÜFFER, *Harmonisierung des aktienrechtlichen Kapitalschutzes/Die Durchführung der Zweiten EG-Richtlinie zur Koordinierung des Gesellschaftsrechts*, NJW 1979, 1065-1070 (1068/II ss.).

[261] JOCE N.° L-347, 64-66, de 28-Nov.-1992 e *Direito europeu das sociedades*, 204-206.

[262] Uma referência deve ser feita a BARBARA POZZO, *L'acquisto di azioni proprie/ /La storia di un problema in un'analisi di diritto comparato* (2003), XVII + 555 pp.; quanto à 2ª Directriz cf., aí, 199 ss..

67. O Direito português

I. O Código Veiga Beirão, quanto ao tema das acções próprias, limitava-se a dispor, no seu artigo 169.°, § 2.°:

> A aquisição de acções próprias e as operações sobre ellas só poderão ser feitas pela respectiva sociedade, nos termos estipulados no contrato social, sendo no silencio d'este absolutamente prohibidas.

A literatura da época explicava essa proibição com duas ordens de razões[263]:

- para prevenir os abusos que poderiam advir de a sociedade poder negociar com conhecimentos não disponíveis por parte dos outros accionistas;
- para evitar que os administradores diminuam o capital que garante os direitos dos credores sociais.

II. A proibição legal, perante o artigo 169.°, § 2.°, do Código Comercial, transformava-se em permissão sem limites, desde que houvesse uma previsão estatutária. Daí resultaram abusos, particularmente sensíveis no sector bancário e que o legislador procurou coarctar, especialmente após a grave crise subsequente a 1891. Lê-se no preâmbulo do Decreto de 12 de Julho de 1894 (Hintze Ribeiro e João Franco)[264]:

> (...)
>
> A compra de acções proprias, ou de outros bancos, bem como o empréstimo sobre os próprios titulos, são operações que o governo entendeu deverem ser reguladas de fórma a evitar inconvenientes que já infelizmente resultaram da absoluta liberdade na realisação d'estas operações.
>
> Se, por vezes, effectuadas com prudencia e sinceridade, taes transacções podem ser vantajosas para os interesses de um estabelecimento, não é menos verdade que o abuso se insinuou primeiramente d'este modo. A compra dos proprios titulos foi o modo de manter artificial e ruinosamente cotações ficticias de que a boa fé ficou victima mais de uma vez; e o emprestimo feito por um banco sobre o penhor dos titulos de outro foi o processo ordinario pelo qual se levantaram tantas edificações ephemeras

---

[263] ADRIANO ANTHERO, *Commentario ao Codigo Commercial Portuguez*, 1 (1913), 325.

[264] COLP 1894, 593-597 (594/I e II).

§ 17º A aquisição de acções próprias

unicamente destinadas á especulação bolsista. Nos termos que o projecto de decreto prescreve, sem se impossibilitarem operações que, em certas hypotheses podem ser uteis, e sem se desvalorisar um papel, que, depois de liberado, é um titulo negociavel como outro qualquer, acaitelam-se, no entretanto, abusos por mais de um motivo perigosos e condemnaveis.

O codigo commercial no § 2.º do artigo 169.º, prescreve que a compra das proprias acções, no silencio dos respectivos estatutos, é absolutamente prohibida. Esta imposição bem claramente revela o intuito do legislador. Mas à sombra d'ella medrou o abuso, reformando-se *ad hoc* muitos estatutos para n'elles se introduzir a clausula que a lei, em regra, queria prohibir. D'ahi a necessidade da urgencia de se providenciar no sentido que propomos.

(...)

Isto posto, o artigo 4.º do diploma em causa veio dispor:

É prohibido aos bancos:
(...)
3.º Comprar de conta propria as suas proprias acções.

A proibição manteve-se na legislação subsequente[265].

Idêntica medida foi tomada pelo importante Decreto de 21 de Outubro de 1907 (João Franco), em relação às companhias de seguros[266]:

Artigo 25.º As sociedades de seguros não poderão emittir obrigações e adquirir acções proprias, nem fazer quaesquer operações sobre ellas.

Resta acrescentar que as operações com acções próprias, quando não permitidas por lei ou pelos estatutos, foram sancionadas pelos tribunais[267]. Ter-se-á atingido um equilíbrio, de tal modo que os comentadores, no âmbito do Código Comercial, não procedem a especiais desenvolvimentos sobre o tema[268].

---

[265] Assim: na Lei de 3-Abr.-1896, artigo 4.º, n.º 3.

[266] COLP 1907, 959-969 (963/II).

[267] Lisboa (1ª Vara Comercial) 30-Nov.-1929 (JOÃO TEIXEIRA DIREITO), GRLx 44 (1930), 6-8 (8/I), confirmado em RLx 29-Nov.-1930 (MOURISCA), GRLx 44 (1930), 243-246 (244-245).

[268] CUNHA GONÇALVES, *Comentário ao Código Comercial* cit., 1, 412, AURELIANO STRECHT RIBEIRO, *Código Comercial Português actualizado e anotado*,1 (1939), 279 e JORGE PINTO FURTADO, *Código Comercial anotado*, II/1 (1979), 286-288.

132 *A prestação de contas no Direito das sociedades*

III. O tema das acções próprias foi aprofundado por Raúl Ventura, numa ambiência de preparação do Código das Sociedades Comerciais[269]. Nessa ocasião, Raúl Ventura trabalhou já com a proposta de 2ª Directriz. Mais tarde, perante o texto do diploma comunitário, Raúl Ventura preparou um anteprojecto de transposição[270], publicado em 1980. Nessa ocasião, a adopção do Código das Sociedades Comerciais estava ainda indecisa, pelo que o Autor optou por um articulado que tanto podia ser utilizado para alterar leis velhas – *maxime*: o Código Comercial – como para preparar leis novas[271].

Um articulado próximo da versão final ocorreu no projecto de 1983[272]: artigos 304.° a 313.°.

IV. No Código das Sociedades Comerciais, as acções próprias foram objecto da secção III do capítulo dedicado às acções. Ocuparam-se delas nada menos do que 10 artigos[273]:

316.° Subscrição. Intervenção de terceiros;
317.° Casos de aquisição lícita de acções próprias;
318.° Acções próprias não liberadas;
319.° Deliberação de aquisição;
320.° Deliberação de alienação;
321.° Igualdade de tratamento de accionistas;
322.° Empréstimos e garantias para aquisição de acções próprias;
323.° Tempo de detenção das acções;
324.° Regime das acções próprias;
325.° Penhor e caução de acções próprias.

O Decreto-Lei n.° 280/87, de 8 de Julho, veio alterar os artigos 317.°/4 e 322.°/2 e 3[274]. O Decreto-Lei n.° 328/95, de 9 de Dezembro, aditou, à secção sobre acções próprias, mais dois preceitos[275]:

---

[269] RAÚL VENTURA, *Auto-participação da sociedade: as acções próprias*, ROA 1978, 217-277. Ainda antes da aprovação do Código, cumpre referir ANTÓNIO CAEIRO, *Aumento de capital e acções próprias*, em *Temas de Direito das sociedades* (1984), 287-300.

[270] RAÚL VENTURA, *Adaptação do Direito português à Segunda Directiva do Conselho da Comunidade Europeia sobre o Direito das sociedades*, DDC 3 (1980), 5-152 (135-152, o articulado).

[271] RAÚL VENTURA, *Adaptação* cit., 135.

[272] BMJ 327 (1983), 219-225.

[273] DR I Série n.° 201, de 2-Set.-1986, 2350-2352.

[274] DR I Série n.° 154, de 8-Jul.-1987, 2663-2664.

[275] DR I Série n.° 283, de 3-Dez.-1995, 7695.

§ *17º A aquisição de acções próprias*   133

325.º-A Subscrição, aquisição e detenção de acções;
325.º-B Regime de subscrição, aquisição e detenção de acções.

Tratou-se, fundamentalmente, de transpor a Directriz n.º 92/101/ CEE, de 23 de Novembro, que introduziu um artigo 24.º-A no articulado da 2ª Directriz de Direito das sociedades.

Finalmente, o Decreto-Lei n.º 76-A/2006, de 29 de Março, alterou os artigos 316.º/5, 319.º/1, *c*), 2, 3 e 4, 320.º/1 e 2, 323.º/4, 324.º/2 e 325.º/2: visou-se, apenas, um conjunto de redenominações relativas à "bolsa" e aos órgãos das sociedades anónimas.

Ao abrigo do Código desenvolveu-se toda uma literatura: sobre acções próprias em geral[276] e sobre aspectos específicos a elas relativos[277].

V. O artigo 538.º/2 e 4 estabeleceu um regime transitório para as acções próprias detidas antes da entrada em vigor do Código de 1986: este diploma veio, de facto, estabelecer regras mais rigorosas do que as anteriormente vigentes.

68. As proibições

I. O sistema vigente relativo a acções próprias assenta na seguinte articulação de proibições:

– uma sociedade não pode subscrever acções próprias (316.º/1, 1ª parte);
– uma sociedade só pode adquirir e deter acções próprias nos casos e condições previstos na lei (316.º/1, 2ª parte);
– uma sociedade não pode encarregar outrem de, em nome dele e por conta da sociedade, subscrever ou adquirir acções dela própria (316.º/2);

---

[276] Desde logo: RAÚL VENTURA, *Acções próprias*, em *Estudos vários sobre sociedades anónimas* (1992), 337-408. Temos, ainda: MARIA VICTÓRIA FERREIRA DA ROCHA, *Aquisição de acções próprias no Código das Sociedades Comerciais* (1994) e JOÃO GOMES DA SILVA, *Acções próprias e interesses dos accionistas*, ROA 2000, 1221 a 1296. Refira-se, ainda, JOÃO LABAREDA, *Das acções das sociedades anónimas* (1988), 79-109.

[277] CARLOS OSÓRIO DE CASTRO, *A contrapartida de aquisição de acções próprias*, RDES 1988, 249-272.

- o contrato de sociedade pode proibir totalmente a aquisição de acções próprias ou reduzir os casos em que ela é permitida por lei (317.°/1);
- a sociedade não pode conceder empréstimos ou por qualquer forma fornecer fundos ou prestar garantias para que um terceiro subscreva ou por outro meio adquira acções representativas do seu capital (322.°/1); exceptuam-se operações correntes de bancos e operações relativas a aquisições pelos trabalhadores, dentro de certos limites (322.°/2).

Além disso, as acções subscritas, adquiridas ou detidas por uma sociedade daquela dependente consideram-se acções próprias da sociedade dominante (325.°-A/1).

II. O sistema resulta bastante diferente do do Código Comercial de 1888. Este, como vimos, parte de uma proibição de princípio que os estatutos podiam, pura e simplesmente, abolir. Desta feita, há uma proibição com excepções, excepções essas que podem ser suprimidas ou aprovadas pelos estatutos: não ampliadas. O legislador nacional aproximou-se, deste modo, do esquema alemão, através do prescrito na 2ª Directriz do Direito das sociedades.

III. A proibição básica de subscrição e de aquisição de acções próprias pretende ter uma efectiva dimensão material. Por isso, o legislador veda operações indirectas que a ela possam conduzir:

- a aquisição indirecta por interposta pessoa;
- a concessão de fundos ou de garantias para que outrem proceda a essa aquisição.

A proibição de operações indirectas, prossegue, ainda, a transparência: vai, por isso, mais longe do que a aquisição em si, uma vez que, ao contrário desta, não admite excepções.

IV. No caso de aquisições indirectas, o artigo 316.° fixou, ainda, um regime dissuasivo, que não prejudique os terceiros alienantes. Assim:

- as acções adquiridas em violação do artigo 316.°/2 pertencem, para todos os efeitos, incluindo a obrigação de as liberar, ao

§ 17º A aquisição de acções próprias 135

terceiro que as haja adquirido (316.º/3): em regra, será um mandatário sem representação;
- a sociedade não pode renunciar ao reembolso das importâncias que tenha adiantado a esse terceiro, devendo proceder com toda a diligência para que esse reembolso se efective (316.º/4);
- os administradores que tenham intervindo na operação são pessoal e solidariamente responsáveis pela liberação das acções (316.º/5);
- os actos pelos quais a sociedade adquira as acções aos mandatários em causa são nulos, excepto se em execução do crédito e se o devedor não tiver outros bens suficientes (316.º/6).

Tratando-se de uma "aquisição indirecta" através da concessão de empréstimos ou de garantias a terceiros para que ela se efective, opera a sanção do artigo 322.º/3: os correspondentes contratos ou actos unilaterais são nulos.

V. Todo este regime é aplicável às sociedades dependentes daquelas de cujas acções se trate (325.º-B/1): as acções que elas adquiram das sociedades dominantes são, para todos os efeitos, tratadas como acções próprias destas.

69. A aquisição lícita

I. Quando o contrato de sociedade o não proíba, pode este adquirir acções próprias até ao limite de 10% do seu capital social (317.º/2). Esse montante pode ser ultrapassado nos casos previstos no artigo 317.º/3:
- a aquisição resulte de uma imposição legal – *a*);
- a aquisição vise facultar uma deliberação de redução do capital – *b*);
- seja adquirido um património a título universal, onde se incluam essas acções – *c*);
- trate-se de uma aquisição a título gratuito – *d*);
- a aquisição seja feita em processo executivo para cobrança de dívidas de terceiros ou por transacção em acção declarativa proposta para esse mesmo fim – *e*);

136 *A prestação de contas no Direito das sociedades*

– a aquisição decorra do processo relativo à falta de liberação de acções pelos seus subscritores – *f)*.

II. Além dos aspectos apontados, verifica-se ainda que:

– a sociedade só pode adquirir acções liberadas, excepto nos casos do artigo 317.°/3, *c)*, *e)* e *f)* – 318.°/1 – sob pena de nulidade – *idem*, 2;
– a aquisição deve passar por uma deliberação da assembleia geral donde constem os pontos inseridos nas quatro alíneas do artigo 319.°/1: número máximo e mínimo de acções a adquirir; prazo, não excedente a 18 meses, durante o qual a aquisição possa ser executada; as pessoas a quem as acções devam ser adquiridas, quando não se ordene que a aquisição ocorra no mercado; as contrapartidas máxima e mínima;
– os administradores não podem executar as deliberações de aquisição se não se verificarem os requisitos dos artigos 317.°/2, 3 e 4 e 318.°/1;
– a administração pode decidir a aquisição de acções próprias, mesmo sem deliberação da assembleia geral, quando se trate de evitar "... um prejuízo grave e iminente para a sociedade ..." o qual se presume existir nos casos do artigo 317.°/3, *a)* e *e)* – 319.°/4; cabe-lhes, então, relatar o caso na primeira assembleia geral seguinte (319.°/5).

III. A aquisição de acções próprias pode representar um problema só por si: pela descapitalização que envolva, pelas condições que lhe subjazam e pela situação que decorra da autotitularidade. Mas ela pode ainda ser perturbante no momento da alienação: de novo pode haver conhecimentos selectivos e prejuízos para o mercado e os outros accionistas. Por isso, a alienação de acções próprias depende de deliberação da assembleia geral, da qual constem (320.°/1):

a) O número mínimo e, se o houver, o número máximo de acções a alienar;
b) O prazo, não excedente a 18 meses a contar da data da deliberação, durante o qual a alienação pode ser efectuada;
c) As modalidades da alienação;
d) O preço mínimo ou outra contrapartida das alienações a título oneroso.

§ *17° A aquisição de acções próprias*   137

Se for imposta por lei, a alienação pode ser decidida pela administração (320.°/2) a qual deve, depois, relatar a operação na primeira assembleia geral subsequente (320.°/3).

IV. Tanto nas aquisições como nas alienações de acções próprias, deve a sociedade respeitar o princípio da igualdade entre os accionistas, salvo se a tanto obstar a própria natureza do caso (321.°). Quer isso dizer que, na compra, poderá haver que lançar uma oferta pública de aquisição (em França: uma oferta pública de recompra); na alienação, o caso será de oferta pública de venda ou, pelo menos, de oferta de venda dirigida a todos os accionistas, acompanhada de rateio proporcional às participações que eles detenham, quando a procura exceda a oferta.

70. O regime

I. No tocante às regras a aplicar às acções próprias, temos a registar, em primeira linha, a existência de limites temporais à sua detenção ou, pelo menos, a certas detenções.

Assim, quanto a acções próprias que ultrapassem a cifra dos 10% do capital, mesmo que licitamente adquiridas: a sua detenção não pode ultrapassar os três anos (323.°/1). Sendo a aquisição ilícita: não pode exceder um ano e isso quando a lei não decrete a nulidade da aquisição (323.°/2).

Quando as alienações obrigatórias não sejam oportunamente efectuadas, há que proceder à anulação das acções (322.°/3, 1ª parte); sendo a aquisição lícita, a anulação deve recair sobre as acções mais recentemente adquiridas (323.°/3, 2ª parte).

Os administradores são responsáveis, nos termos gerais, pelos danos resultantes da anulação ou da não-anulação de acções (323.°/4). Além disso, há que contar com as sanções prescritas no artigo 510.° para a aquisição ilícita de quotas e de acções.

II. As acções, enquanto pertencerem à sociedade, ficam numa especial situação de quase quiescência. Assim, segundo o artigo 324.°/1, *a*), devem:

138 *A prestação de contas no Direito das sociedades*

Considerar-se suspensos todos os direitos inerentes às acções, excepto o de o seu titular receber novas acções no caso de aumento de capital por incorporação de reservas.

São atingidos, em especial, o direito de voto e o direito aos lucros. Daí resultam correspondentes vantagens para os outros accionistas. Além disso, segundo o artigo 324.°/1, *b*), deve:

> Tornar-se indisponível uma reserva de montante igual àquele por que elas estejam contabilizadas.

Evita-se, assim, que a aquisição de acções próprias implique uma descapitalização paralela da sociedade em causa.

III. A existência de acções próprias deve, ainda, ser devidamente informada e publicitada. Segundo o artigo 324.°/2, no relatório anual da administração, devem ser claramente indicados:

a) O número de acções próprias adquiridas durante o exercício, os motivos das aquisições efectuadas e os desembolsos da sociedade;

b) O número de acções próprias alienadas durante o exercício, os motivos das alienações efectuadas e os embolsos da sociedade;

c) O número de acções próprias da sociedade por ela detidas no fim do exercício.

IV. O artigo 325.° dispõe sobre as acções próprias que uma sociedade receba em penhor ou caução: elas são contadas para o limite estabelecido no artigo 317.°/2 (o dos 10%), exceptuadas as que se destinarem a caucionar responsabilidades pelo exercício de cargos sociais (325.°/1). Os administradores são responsáveis, nos termos do artigo 323.°/4, se elas vierem a ser adquiridas pela sociedade (325.°/2).

Finalmente, os artigos 325.°-A e 325.°-B, aditados em 1995 em obediência às alterações introduzidas na 2ª Directriz, equiparam, com adaptações, às acções próprias, as detidas pelas sociedades dominadas, sobre as dominantes.

Tudo pressupõe, naturalmente, contas fidedignas, elaboradas de acordo com os diversos princípios aplicáveis.

§ 18º A amortização de quotas

71. Noção e problemática geral

I. O Código das Sociedades Comerciais – tal como a Lei de 1901 ou a própria Lei alemã de 1892 – não define "amortização de quotas". Podemos doutrinariamente apresentá-la como a supressão da quota e das posições jurídicas a ela subjacentes, levada a cabo pela própria sociedade[278]. Evidentemente: a supressão não pode ir ao ponto de tudo fazer desaparecer: haverá, sempre, determinadas decorrências, pelo que a "supressão" não é absoluta[279]. Temos, aqui, todo um regime a ter em conta.

II. A supressão de uma quota serve os mais diversos interesses[280]. Designadamente:

– da sociedade, em poder normalizar o seu capital ou prevenir a presença ou a entrada de sócios indesejáveis;
– dos restantes sócios, em aumentar o seu poder de participação e de percepção de lucros;
– do próprio sócio cuja quota seja amortizada: em libertar-se de uma posição social que, porventura, não lhe interessasse, sendo compensado devidamente.

---

[278] HARM PETER WESTERMANN, *Einziehung und Abfindung (§ 34 GmbHG)*, FS 100 Jahre GmbH-Gesetz (1992), 447-472, CARSTEN PEETZ, *Voraussetzungen und Folgen der Einziehung von GmbH-Geschäftsanteilen/Gesellschafts- und steuerrechtliche Gesichtspunkte*, GmbHR 2000, 749-757 (749), HEINZ ROWEDDER/ALFRED BERGMANN em ROWEDDER/SCHMIDT-LEITHOFF, *GmbHG*, 4ª ed. (2002), § 34 (990-991, com bibliografia) e ALFRED HUECK/LORENZ FASTRICH, em BAUMBACH/HUECK, *GmbH-Gesetz*, 18ª ed. (2006), § 34, Nr. 1 (541). Na jurisprudência: BGH 14-Set.-1998, GmbHR 1998, 1177-1179 (1178/I).

[279] LUTZ-CHRISTIAN WOLFF, *Das Schicksal eingezagener GmbH-Geschäftsanteile und alternative Satzungsregelungen*, GmbHR 1999, 958-963 (959/II e 960/I).

[280] RAÚL VENTURA, *Sociedade por quotas*, 1, 2ª ed., (1989), 658 ss..

140 *A prestação de contas no Direito das sociedades*

Quanto ao reverso da medalha:

- a sociedade terá de pagar pela amortização, ficando descapitalizada;
- os restantes sócios verão baixar os seus lucros e enfraquecer as suas posições;
- o sócio atingido ficará despojado de uma posição patrimonial e pessoal que poderá ter, para ele, um valor acrescido.

Toda esta trama de interesses contrapostos é ainda completada pelos valores que ao Estado cumpre tutelar: o de estabilidade e segurança nos meios societários e na riqueza a eles inerente. Compreende-se, por isso, que a amortização de quotas seja rodeada por diversas regras.

III. Na origem, o § 34 do GmbHG alemão dispunha – e dispõe, uma vez que esta norma nunca foi alterada[281]:

(1) Só pode haver amortização (*Einziehung*) de quotas quando ela seja admitida pelo contrato de sociedade.

(2) Sem a concordância do titular da quota, a amortização só pode ter lugar quando os seus pressupostos já estivessem fixados no contrato de sociedade no momento em que a quota tivesse sido adquirida.

(3) O § 30/I mantém-se intocado [garantia do capital social].

Este preceito foi recebido na nossa Lei de 1901 nos termos seguintes[282]:

Art. 25.° A amortização de quotas sociaes é permitida quando auctorizada expressamente na escriptura de sociedade.

§ 1.° A amortização pode ter logar ou por accordo, ou nos precisos termos fixados na escriptura social.

§ 2.° Não podem distribuir-se para amortização de quotas quantias necessarias para se manter intacto o capital social.

IV. A dogmática básica da amortização de quotas fora já fixada ao tempo da Lei de 1901. A amortização era distinta da aquisição de

---

[281] LUTTER/HOMMELHOFF, *GmbH-Gesetz* cit., 16ª ed., § 34 (588).
[282] COLP 1901, 99/I.

§ 18° A amortização de quotas

quota própria[283]: na amortização, a quota é aniquilada, desaparecendo do activo e não tendo mais qualquer papel no tocante aos lucros ou a outros direitos; na aquisição, a quota mantém-se, figurando no balanço e podendo ser alienada e isso apesar da suspensão (hoje existente) quanto a diversos direitos a ela inerentes.

Distinguia-se, ainda, entre a amortização consensual (por acordo entre a sociedade e o sócio), cominatória (imposta ao sócio como sanção), onerosa (com compensação) ou gratuita (sem ela)[284].

V. O sistema da Lei de 1901 era o de só facultar a amortização quando permitida pelo pacto social. No 1.° anteprojecto de Raúl Ventura, previa-se um esquema inverso: a amortização seria sempre possível, salvo se proibida pela lei ou pelo contrato. No projecto final voltar-se-ia à solução tradicional, agora completada: a amortização de quotas só é viável quando permitida pela lei ou pelo contrato de sociedade (232.°/1).

Para além disso, o legislador atentou em que a amortização surgia como um dos pontos mais litigiosos e mais discutidos, no âmbito da Lei de 1901[285].

Quanto à jurisprudência da época podemos, entre outras[286], apontar as seguintes proposições:

– é válida a cláusula pela qual se dispõe sobre a forma de amortizar a quota de um sócio falecido e se fixaram os valores sociais a pagar aos herdeiros[287];

---

[283] SANTOS LOURENÇO, *Das sociedades por cotas* 1, (1926), 1, 274-275.

[284] *Idem*, 275.

[285] Quanto à doutrina, p. ex.: RUY GOMES DE CARVALHO, *Amortização de acções e de quotas* (1931), 90 pp., ANTÓNIO FERRER CORREIA, *Amortização e cessão de quotas*, anotação a STJ 20-Jun.-1943 (MAGALHÃES BARROS), RDES 1 (1945-46), 53-75 (60), ADOLFO BRAVO, *Amortização de cotas: sua regulamentação e pagamento*, GRLx 54 (1940), 97-98, FERNANDO MARTINS DE CARVALHO, *Amortização de quotas*, O Direito 69 (1937), 130-136 e *Amortização de cotas*, ROA 1 (1945) 1, 57-68, JOAQUIM ABRANCHES, *Amortização de quotas*, Revista de Justiça 30 (1945), 157-159, INOCÊNCIO GALVÃO TELLES, *Amortização de quotas*, ROA 6 (1946), 3 e 4, 64-69.

[286] Indicações diversas em ABÍLIO NETO, *Sociedades por quotas / Notas e comentários* (1977), 205 ss..

[287] STJ 6-Jul.-1948 (PEDRO DE ALBUQUERQUE), BMJ 8 (1948), 326-328 (328).

142   *A prestação de contas no Direito das sociedades*

- podem ser fixados prazos para a liquidação em prestações da quota a amortizar – e logo para a própria amortização[288];
- para a sua validade, basta que a cláusula de amortização compulsiva indique os diversos casos ou hipóteses em que ela se verifique, não sendo necessária a enunciação das razões[289];
- a amortização opera por simples deliberação da assembleia[290];
- o valor da quota a amortizar é o fixado no pacto e não o adoptado por deliberação[291];
- tal valor pode ser o resultado do último balanço aprovado ainda que por maioria, acrescido da parte correspondente no fundo de reserva[292]; esta hipótese deve, porém, ser sindicada pelo abuso do direito[293];
- não é possível acrescentar *ex novo* e por maioria, hipóteses de amortização de quotas[294]: dado o direito atribuído no artigo 25.º, § 1.º, a solução fixada nos estatutos deve ser acatada[295];
- pode ser amortizada a quota do sócio que pratique actos que revelem o propósito de prejudicar a sociedade[296];
- *idem*, quando as quotas sejam penhoradas[297].

VI. Quanto às situações de amortização previstas nos pactos das sociedades, no âmbito da Lei de 1901, com base numa amostragem relatada por Raúl Ventura, temos[298]:

- morte do sócio;
- interdição do sócio;

---

[288] STJ 1-Mai.-1956 (Agostinho Fontes), BMJ 57 (1956), 373-378.

[289] STJ 3-Mar.-1959 (Agostinho Fontes), BMJ 85 (1959), 642-657 (654), com um longo voto de vencido de Lencastre da Veiga e importantes referências no BMJ 85, 658.

[290] STJ 15-Jun.-1962 (Lopes Cardoso), BMJ 118 (1962), 653-655 (655).

[291] STJ 5-Fev.-1963 (Arlindo Martins), BMJ 124 (1963), 719-722 (721): há que evitar o arbítrio da assembleia geral.

[292] STJ 17-Jul.-1964 (Gonçalves Pereira), BMJ 139 (1964), 332-342 (341).

[293] STJ 22-Fev.-1972 (J. Santos Carvalho Júnior), BMJ 214 (1972), 142-145 (145); cf. o importante STJ 13-Abr.-1962 (José Osório), BMJ 116 (1962), 512-516 (514).

[294] STJ 9-Abr.-1965 (Gonçalves Pereira), BMJ 146 (1965), 420-423 (422 e 423).

[295] STJ 12-Jan.-1971 (Albuquerque Rocha), BMJ 203 (1971), 183-192 (190-191).

[296] STJ 7-Dez.-1956 (sem ind. relator), BMJ 62 (1956), 501 (o sumário).

[297] RLx 31-Jul.-1974 (sem ind. relator), BMJ 240 (1974), 266 (o sumário).

[298] Raúl Ventura, *Sociedade por quotas* cit., 1, 2ª ed., 687-689.

§ 18º A amortização de quotas

– insolvência ou falência do sócio;
– restrição à entrada de estranhos em geral ou de estranhos não qualificados;
– meio de saída do sócio;
– sanção por condutas do sócio;
– aquisição da quota pela própria sociedade;
– arbítrio da sociedade, com ou sem maioria qualificada;
– acordo entre a sociedade e o sócio.

VII. Todos estes elementos pesaram nas opções do legislador de 1986[299]. Este foi pródigo em normas: dedicou à amortização de quotas toda uma secção – a IV – prevendo sete artigos[300]:

> 232.º (Amortização de quota);
> 233.º (Pressupostos da amortização);
> 234.º (Forma e prazo da amortização);
> 235.º (Contrapartida da amortização);
> 236.º (Ressalva do capital);
> 237.º (Efeitos internos e externos quanto ao capital);
> 238.º (Contitularidade e amortização).

Estes preceitos contém normas embricadas, que se completam e delimitam reciprocamente. No seu estudo e na sua aplicação reco-menda-se, aos estudiosos e aos práticos, uma análise cuidada do conjunto.

72. Pressupostos; previsões legais e estatutárias

I. O artigo 232.º é, fundamentalmente, um preceito de enqua-dramento e de ordenação. Ele começa por submeter a amortização de quotas a uma prévia permissão (n.º 1):

– da lei; ou
– do contrato.

---

[299] *Vide* ANTÓNIO SOARES, *O novo regime da amortização de quotas* (1988), 187 pp..

[300] Sobre toda esta matéria, cumpre ter presente o comentário de RAÚL VENTURA, que se alarga por mais de 100 páginas: *Sociedade por quotas* cit., 1, 2ª ed., 655-763.

144 *A prestação de contas no Direito das sociedades*

Manda, em qualquer dos casos, seguir o regime previsto na secção: o que envolve os artigos 232.º a 237.º. Não fica definido se esse regime é injuntivo ou se o pacto social pode dispor de outro modo. Prevalece, em princípio, esta segunda possibilidade, num aspecto que terá de ser verificado ponto por ponto.

II. O artigo 232.º/2 fixa o efeito da amortização: a extinção da quota[301]. Ressalva porém, desde logo, os direitos já adquiridos e as obrigações já vencidas. Perante direitos de constituição processualmente diferida e em face de obrigações já constituídas mas não vencidas (incluindo situações condicionadas) haverá que fazer uma ponderação ponto por ponto.

O artigo 237.º fixa os efeitos da amortização no tocante ao capital social.

III. Pressuposto importante da amortização é o de a quota atingida se encontrar integralmente liberada (232.º/3)[302]; o preceito ressalva, todavia, o caso da redução de capital.

Além disso, a sociedade só pode amortizar quotas (236.º/1)[303]:

(...) quando, à data da deliberação, a sua situação líquida, depois de satisfeita a contrapartida da amortização, não ficar inferior à soma do capital e da reserva legal, a não ser que simultaneamente delibere a redução do seu capital.

Este aspecto é importante. A própria lei entendeu regular a hipótese do seu desaparecimento superveniente. Assim:

– se, aquando do vencimento da obrigação de pagar a contrapartida, da amortização se verificar que, feito o pagamento, a situação líquida da sociedade passaria a ser inferior à soma do capital e da reserva legal, a amortização fica sem efeito e o interessado deve restituir à sociedade as quantias porventura já recebidas (236.º/3); tecnicamente, temos aqui uma verdadeira condição resolutiva legal;

---

[301] RLx 13-Mai.-1999 (Salvador Pereira Nunes da Costa), BMJ 487 (1999), 351-352 (351/II, o sumário) e STJ 11-Abr.-2000 (Ferreira Ramos), CJ/Supremo VIII (2000) 2, 29-32 (31/I) = BMJ 496 (2000), 285-291 (290/I).

[302] António Soares, *O novo regime* cit., 28 ss..

[303] *Idem*, 30 ss..

§ *18° A amortização de quotas*   145

– sendo esse o caso, o interessado pode optar pela amortização parcial da quota, na proporção do que já recebeu ou ainda, em alternativa, pelo diferimento do pagamento, até que se verifique a prescrita situação líquida (236.°/4); esta opção deve ser declarada por escrito, à sociedade, nos 30 dias subsequentes àquele em que, ao sócio, seja comunicada a impossibilidade do pagamento pelo motivo referido (236.°/5).

IV. Quanto aos pressupostos de raiz – a permissão legal ou a permissão contratual – impõe-se precisar que a lei prevê a amortização de quotas nos casos seguintes:

– quando, por força de disposições contratuais, a quota não for transmitida para os sucessores do sócio falecido (225.°/2);
– quando, dependendo a transmissão *mortis causa* da vontade dos sucessores, estes declarem querer a amortização (226.°/1);
– quando a sociedade recuse o consentimento para a transmissão de uma quota (231.°/1);
– quando o sócio pretenda exonerar-se (240.°/3, 2ª parte).

Cada um destes preceitos deve ser examinado. Por vezes, eles pressupõem outras previsões contratuais ou envolvem alternativas. Além disso, a amortização é, por vezes, obrigatória.

V. No tocante à previsão contratual, temos diversas precisões. Aparentemente, o artigo 232.°/1 admite uma previsão genérica de amortização, desde que consagrada nos estatutos. Todavia, infere-se do artigo 233.°/1 que tal previsão genérica apenas permitirá a amortização se houver acordo do sócio atingido. Fora dessa hipótese, ela só será possível se se verificar um facto que os estatutos considerem fundamento de amortização compulsiva (*idem*, 233.°/1). Podemos, parcialmente apoiados em Raúl Ventura[304], fixar o quadro seguinte:

– o pacto social nada diz: a amortização só é possível nos casos previstos na lei; a própria amortização por acordo não é possível[305];

---

[304] Raúl Ventura, *Sociedade por quotas* cit., 1, 2ª ed., 662.
[305] Mesmo quando votada por unanimidade! Estão em causa os direitos dos credores.

146   *A prestação de contas no Direito das sociedades*

– o pacto social tem uma permissão genérica de amortização: só são viáveis amortizações por acordo;
– o pacto social inclui, além da permissão genérica, previsões específicas de amortização: são viáveis as amortizações por acordo e, ainda, aquelas que correspondam aos factos verificados;
– o pacto social inclui apenas previsões específicas, sem explicitar o acordo: operam as amortizações correspondentes aos factos verificados e, ainda, as que surjam por acordo, uma vez que a vontade colectiva deixou em aberto a virtualidade de amortizações.

Além disso, o pacto social pode permitir a amortização ou pode impô-la, perante determinados factos. Trata-se de um aspecto a elucidar caso a caso, através da interpretação.

VI. Não é necessário, à luz do Direito português, engendrar situações de amortização através de uma cláusula geral de "justificação muito relevante" ou "motivo justificado". Para situações extremas, o Direito português conhece a figura da exclusão judicial (242.°/1).

Pela mesma ordem de razões, não é possível construir, por analogia ou por qualquer processo criativo, novas causas de concretização não especificadas no pacto: estaríamos, com isso, a defraudar a confiança dos sócios.

Na prática, os estatutos prevêem hipóteses de amortização nos casos de morte do sócio[306] e de venda judicial da quota[307]. Para situações censuráveis estabelece-se a exclusão do sócio: em regra com um regime compensatório menos favorável[308]. Mantém-se, de todo o modo, a série ilustrativa relevada a propósito da Lei de 1901[309].

VII. O artigo 233.°/2 explicita ainda que a amortização só é possível quando o facto permissivo já figurava no contrato de sociedade ao tempo da aquisição da quota pelo actual titular ou pela

---

[306] STJ 23-Set.-1997 (CARDONA FERREIRA), Proc. 97A083/ITIJ.
[307] STJ 24-Mar.-1992 (CÉSAR MARQUES), Proc. 080948/ITIJ.
[308] *Manual de Direito das sociedades*, 2, 331.
[309] *Idem*, 382.

§ *18° A amortização de quotas* 147

pessoa na qual ele tenha sucedido *mortis causa*: salvo se a introdução do facto em causa tiver sido unanimemente deliberada pelos sócios (*idem*). As condições em que não é possível uma determinada amortização funcionam, assim, como autênticos direitos especiais dos sócios, direitos esses que não podem ser coarctados sem o consentimento do próprio (24.°/5).

VIII. Ainda no domínio dos pressupostos, há que contar com várias regras atinentes ao consentimento dos sócios. São elas:

– o consentimento pode ser dado na própria assembleia geral ou em documento anterior ou posterior a esta (233.°/3);
– o consentimento também deve ser dado pelo usufrutuário da quota ou pelo titular de penhor sobre ela, caso existam (233.°/4);
– o consentimento é ainda necessário para a amortização parcial, salvo nos casos previstos na lei (233.°/5).

Tecnicamente, o consentimento é um acto jurídico *stricto sensu*, unilateral. Aplicam-se-lhe, todavia e com adaptações, as regras do negócio jurídico (295.°, do Código Civil).

73. Procedimento

I. A amortização é sempre obra de deliberação dos sócios – 234.°/1 e 246.°/1, *b*)[310/311]. Além disso, essa deliberação deve surgir apoiada nos respectivos pressupostos legais e estatutários (234.°/1): é importante que refira os factos pertinentes, mais do que as normas legais e contratuais que estejam em jogo e que serão, em princípio, acessíveis a qualquer intérprete-aplicador.

---

[310] ANTÓNIO SOARES, *O novo regime* cit., 68 ss.. Cf. JOÃO LABAREDA, *Sobre a deliberação de amortização de quotas*, em *Direito societário português/Algumas questões* (1998), 231-268.

[311] Por isso, não parecem exequíveis os artigos 511.°, 512.° e 513.° que punem os gerentes que amortizem ou façam amortizar quotas fora dos condicionalismos legais; tudo isto deveria ter sido melhor estudado pelos ilustres autores materiais do Decreto-Lei n.° 184/87, de 21 de Abril, que inseriu esses preceitos no Código. Crítico também: RAÚL VENTURA, *Sociedade por quotas* cit., 1, 2ª ed., 674-675.

Como vimos, havendo necessidade de consentimento do interessado, este poderá ser prestado durante a assembleia geral ou, por documento, antes ou depois dela (233.°/3).

II. A amortização torna-se eficaz mediante uma comunicação dirigida ao sócio afectado (234.°/1, *in fine*)[312]. Quando ela fique pendente de consentimento subsequente desse mesmo interessado, mandam as boas normas (224.°/1, do Código Civil) que ela se torne eficaz quando o respectivo documento seja recebido pela sociedade.

III. A amortização deve ser tomada no prazo de 90 dias contados do conhecimento por algum gerente da sociedade de facto (legal ou contratual) que a permita. Tratando-se de uma amortização obrigatória: passado o prazo, ela fica igualmente precludida; só que, nessa eventualidade, o gerente que tenha conhecimento do facto relevante e o não transmita aos sócios é responsável pelos danos que tenha originado ou venha a originar.

IV. Temos ainda a considerar que a amortização pode surgir como o produto de um direito conferido ao sócio ou de um direito atribuído à própria sociedade. Com o seguinte alcance prático:

– quando concedido ao sócio, aplica-se o disposto sobre a exoneração (232.°/4);
– quando atribuído à própria sociedade, esta pode antes optar por adquirir a quota ou por fazê-la adquirir por um sócio ou por terceiro (232.°/5); nesta hipótese, aplica-se o artigo 225.°/ 3, 4 e 5, 1ª parte[313].

No domínio da exoneração dos sócios (240.°), diversos preceitos remetem para a amortização de quotas. Temos, pois, todo um jogo de remissões: porventura evitáveis, com mais algum apuro legislativo.

---

[312] ANTÓNIO SOARES, *O novo regime* cit., 122.
[313] *Manual de Direito das sociedades*, 2, 367.

§ 18º A amortização de quotas   149

V. Na própria deliberação deve-se exarar a ressalva do capital social e das reservas (236.º/2)[314]. Assim não será se o valor for negativo e, como tal, a amortização se tornar gratuita[315]. Além disso, a jurisprudência entende que o sócio visado pela amortização não tem um interesse oposto ao da sociedade, a menos que esteja também em causa a sua exclusão por justa causa. Pode, intervir e votar na competente assembleia geral[316].

O sócio afectado tem legitimidade directa para se opor à amortização[317].

74. A contrapartida

I. Pela amortização da quota é devida uma contrapartida. Assim não sucederá na hipótese de amortização gratuita: por exemplo, tratando-se de amortização de quota própria da sociedade.

A contrapartida é fixada, em primeira linha (235.º/1, corpo):

– pelo pacto social;
– por acordo entre as partes.

As correspondentes cláusulas devem ser cumpridas (406.º/1, do Código Civil). Todavia, há que atentar nas regras gerais dos artigos 809.º (proibição de renúncia antecipada aos direitos do credor) e 941.º/1 (proibição de doação de bens futuros), ambos do Código Civil. Retemos, daqui, que as cláusulas de contrapartida por amortização de quotas devem ser minimamente compensatórias; de outro modo, estaremos perante actos gratuitos e sujeitos às competentes regras, inclusive sucessórias.

II. Na falta de regras estipuladas no pacto ou em acordo, aplicam-se as soluções supletivas do artigo 235.º/1:

---

[314] RPt 2-Jul.-1991 (MÁRIO RIBEIRO), Proc. 0410051/ITIJ e STJ 6-Mai.-1997 (PAIS DE SOUSA), CJ/Supremo V (1997) 2, 77-79 (78/II).

[315] STJ 24-Jun.-1993 (SAMPAIO DA SILVA), BMJ 428 (1993), 625-634 (632).

[316] REv 27-Jun.-1991 (RAÚL MATEUS DA SILVA), CJ XVI (1991) 3, 297-301 (300/I) = BMJ 408 (1991), 674 (o sumário) e RPt 15-Jun.-1993 (GONÇALVES VILAR), Proc. 9231022/ITIJ.

[317] STJ 29-Out.-1996 (TORRES PAULO), Proc. 96A416/ITIJ.

150 *A prestação de contas no Direito das sociedades*

– a contrapartida da amortização é o valor de liquidação da quota, determinado nos termos do artigo 105.º/2, com referência ao momento da deliberação; este preceito remete para um cálculo efectuado nos termos do artigo 1021.º do Código Civil, por um revisor oficial de contas designado por mútuo acordo ou, na falta deste, pelo tribunal[318];

– o pagamento da contrapartida é fraccionado em duas prestações, a efectuar dentro de seis meses e um ano, respectivamente, após a fixação definitiva da contrapartida.

Por vezes, o pacto social fixa o valor de amortização remetendo-o para o balanço: o último aprovado[319]. De acordo com a tradição jurídica portuguesa, há, aqui, que lidar com a sindicância do abuso do direito.

III. Pode a amortização recair sobre cláusulas arroladas, arrestadas, penhoradas ou incluídas em massa insolvente: nessa altura, o recurso às cláusulas do pacto poderá prejudicar terceiros. Por isso, o artigo 235.º/2 remete, em tal ocasião, para os critérios supletivos do n.º 1, excepto se os resultantes do pacto forem "menos favoráveis para a sociedade" e, logo, mais favoráveis para o terceiro.

IV. Não sendo a contrapartida tempestivamente paga, o interessado pode optar (235.º/3):

– pela execução da dívida;
– amortização parcial;
– pela espera do pagamento.

Encontramos, pois, um lote de soluções: saídas tipicamente obrigacionais contracenam com composições de tipo societário.

---

[318] E podendo ainda qualquer das partes requerer segunda avaliação nos termos do Código de Processo Civil: artigos 1498.º e 1499.º deste diploma.

[319] REv 16-Nov.-2000 (Maria João Graça Romba), CJ XXV (2000) 5, 260-264 (263/I); já STJ 24-Mar.-1992 (César Marques), Proc. 080948/ITIJ.

75. Efeitos

I. A amortização da quota provoca a sua supressão. Quais os efeitos no capital social da entidade atingida? O artigo 237.° resolve, hoje, expressamente o problema[320]. Fundamentalmente, uma de duas (n.° 1):

– ou a amortização é acompanhada da correspondente redução do capital;
– ou as quotas dos outros sócios são proporcionalmente aumentadas.

Devem os sócios fixar, por deliberação o novo valor nominal das quotas. Os gerentes deveriam outorgar a correspondente escritura pública, salvo se a acta de deliberação for lavrada por notário: esta regra foi suprimida pela redacção dada ao artigo 237.°/2 pelo Decreto-Lei n.° 76-A/2006, de 29 de Março. Agora, bastará aos sócios fixar, por deliberação, o tal novo valor nominal das quotas.

II. Como solução mais flexível, muitas vezes seguida, na prática, dispõe o artigo 237.°/3:

O contrato de sociedade pode, porém, estipular que a quota figure no balanço como quota amortizada, e bem assim permitir que, posteriormente e por deliberação dos sócios, em vez da quota amortizada, sejam criadas uma ou várias quotas, destinadas a serem alienadas a um ou a alguns sócios, ou a terceiros.

Nesta última hipótese não há nem redução do capital, nem aumento proporcional das demais quotas. Trata-se de uma operação contabilística destinada a manter o *status quo*. Em boa verdade, seria questionável se estamos em face de uma verdadeira amortização, já que a quota atingida não é, *summo rigore*, suprimida.

III. Ainda no domínio dos efeitos da amortização, temos o caso específico da contitularidade, que mereceu, no Código de 1986, um preceito específico: o 238.°. Quando o fundamento da amortização atinja, objectivamente, a quota ou, subjectivamente, todos os contitulares, não há problema: segue-se o regime geral. Quando, porém,

---

[320] *Vide* RAÚL VENTURA, *Sociedade por quotas* cit., 1, 2ª ed., 748-758.

apenas em relação a um contitular se verifiquem os pressupostos da amortização, temos o seguinte cenário[321]:

- podem os sócios deliberar que a quota seja dividida em conformidade com o título, desde que daí não resultem quotas inferiores a 50 euros[322] (n.º 1);
- dividida a quota, a amortização recai sobre a que pertença ao titular que reúna os pressupostos da amortização (n.º 2, 1ª parte);
- na falta de divisão, não há amortização (n.º 2, 2ª parte).

Como explica Raúl Ventura, é, aqui, sacrificado o interesse da sociedade. Cumpre a esta tomar medidas oportunas para facilitar a divisão ou para prevenir contitularidades demasiado fraccionadas.

---

[321] Raúl Ventura, *Sociedade por quotas* cit., 1, 2ª ed., 760-763.
[322] Redacção dada pelo artigo 3.º do Decreto-Lei n.º 343/98, de 6 de Novembro. Como se vê, para facilitar a divisão, o legislador baixa, aqui, a fasquia mínima, fixada no artigo 219.º/3, em 100 euros.

§ 19° Aspectos mobiliários da prestação de contas

76. Generalidades; elementos europeus

I. As sociedades abertas[323] sujeitam-se a diversas regras específicas, relativamente à prestação de contas. O que bem se compreende: pela sua própria natureza, este tipo de sociedade atinge os interesses de um público numeroso. A confiança exigida, tanto mais que dela dependem quer o mercado mobiliário, quer uma importante fonte de financiamento das empresas deve ser protegida pelo Estado e pelo Direito.

II. A matéria é dominada por fontes europeias. Salientamos:

– a Directriz n° 2001/34/CE, de 28 de Maio, relativa à admissão de valores mobiliários à cotação oficial de uma bolsa de valores e à informação a publicar sobre esses valores[324];
– a Directriz n° 2003/71, de 4 de Novembro, relativa ao projecto a publicar em caso de oferta pública de valores mobiliários ou da sua admissão à cotação[325];
– o Regulamento n° 809/2004, de 29 de Abril, que estabelece normas de aplicação da Directriz n° 2003/71, no que diz respeito à informação contida nos prospectos, bem como os respectivos modelos, à inserção por remissão, à publicação dos referidos prospectos e divulgação de assuntos publicitários[326].

---

[323] *Manual de Direito das sociedades*, 2, 611 ss..

[324] JOCE N° L-184, 1-66, de 6-Jul.-2001; pode ainda ser confrontada no nosso *Direito europeu das sociedades* cit., 565-637.

[325] JOCE N° L-345, 64-89, de 31-Dez.-2003.

[326] Rectificada e republicada em JOCE N° L-215, 3-103, de 16-Jun.-2004.

154   *A prestação de contas no Direito das sociedades*

III. No tocante à admissão de valores mobiliários à cotação, a Directriz nº 2001/34, fixa informações a prestar relativas ao património, à situação financeira e aos resultados do emitente.

Segundo o artigo 67º, a sociedade em jogo deve pôr à disposição do público, logo que possível, as suas últimas contas anuais e o seu último relatório de gestão.

Por seu turno, o prospecto deve incluir os elementos referidos no capítulo 5: informações relativas ao património, situação financeira e resultados do emitente. Vamos reter o seu texto:

Capítulo 5

Informações relativas ao património, situação financeira e resultados do emitente

5.1. Contas do emitente.

5.1.0. Balanços e contas de ganhos e perdas relativos aos três últimos exercícios, estabelecidos pelos órgãos do emitente e apresentados sob a forma de um quadro comparativo. Anexo das contas anuais do último exercício.

O projecto do prospecto deve ser apresentado às autoridades competentes no prazo máximo de dezoito meses a contar do encerramento do exercício anual a que se referem as últimas contas anuais publicadas. As autoridades competentes podem prorrogar este prazo em casos excepcionais.

5.1.1. Se o emitente apenas organiza contas anuais consolidadas, deve incluí-las no prospecto, de acordo com o ponto 5.1.0..

Se o emitente organiza simultaneamente contas anuais não consolidadas e contas anuais consolidadas, deve incluir no prospecto estes dois tipos de contas, de acordo com o ponto 5.1.0..

Todavia, as autoridades competentes podem permitir que o emitente apenas inclua no prospecto ou as contas anuais consolidadas ou as contas anuais não consolidadas, desde que as contas que não forem incluídas não forneçam qualquer informação adicional importante.

5.1.2. Resultado do exercício por acção do emitente, por ano financeiro, proveniente das suas actividades normais, depois da dedução dos impostos, relativamente aos três últimos exercícios, sempre que o emitente incluir no prospecto as suas contas anuais não consolidadas.

§ 19° Aspectos mobiliários da prestação de contas

Sempre que o emitente apenas inclua no prospecto contas anuais consolidadas, indicará o resultado do exercício consolidado, por acção, relativamente aos três últimos exercícios. Esta informação deve acompanhar os dados fornecidos nos termos do parágrafo anterior, sempre que o emitente incluir igualmente no prospecto as suas contas anuais não consolidadas. Se, no decurso do período dos três últimos exercícios supracitados, a quantidade de acções do emitente tiver sido alterada na sequência, nomeadamente, de um aumento ou de uma redução do capital, de um reagrupamento ou fraccionamento de acções, os resultados por acção referidos no primeiro e segundo parágrafos devem ser adaptados para serem comparáveis; neste caso, deve indicar-se as fórmulas utilizadas para a adaptação.

5.1.3. Montantes do dividendo por acção, relativamente aos três últimos exercícios, adaptados, se for caso disso, para serem comparáveis de acordo com o terceiro parágrafo do ponto 5.1.2..

5.1.4. No caso de terem já decorrido mais de nove meses sobre a data do encerramento do exercício ao qual se referem as últimas contas anuais não consolidadas e/ou consolidadas publicadas, deve ser inserido no prospecto ou anexado a este um relatório financeiro intercalar referente, pelo menos, aos seis primeiros meses. Se este relatório intercalar não tiver sido revisto, deve ser mencionado esse facto.

No caso de o emitente organizar contas anuais consolidadas, as autoridades competentes decidirão se o relatório financeiro intercalar deve ou não ser apresentado sob forma consolidada. Qualquer modificação significativa, ocorrida após o encerramento do último exercício ou após a elaboração do relatório financeiro intercalar, deve ser descrita numa nota a inserir no prospecto ou a anexar a este.

5.1.5. Se as contas anuais não consolidadas ou consolidadas não tiverem sido elaboradas em conformidade com as directivas relativas às contas anuais das sociedade, e se não derem uma imagem fiel do património, da situação financeira e dos resultados do emitente, devem ser fornecidas informações mais pormenorizadas e/ou complementares.

5.1.6. Mapa de origem e aplicação de fundos relativos aos três últimos exercícios.

5.2. Informações individuais, enumeradas a seguir, relativas às empresas das quais o emitente detém uma parte do capital susceptível de ter uma incidência significativa na apreciação do seu próprio património, da sua situação financeira e dos seus resultados.

As informações a seguir enumeradas devem, em qualquer caso, ser fornecidas pelas empresas nas quais o emitente detém, directa ou indirectamente, uma participação, desde que o seu valor contabilístico represente, pelo menos, 10% dos capitais próprios ou contribua com, pelo menos, 10% do resultado líquido do emitente, ou, se se tratar de um grupo, desde que o valor contabilístico desta participação represente, pelo menos, 10% dos capitais próprios consolidados ou contribua com, pelo menos, 10% do resultado líquido consolidado do grupo.

As informações a seguir enumeradas podem não ser fornecidas desde que o emitente demonstre que a participação tem um carácter meramente provisório.

Igualmente se podem omitir as informações previstas nas alíneas e) e f) sempre que a empresa na qual se tem participação não publique contas anuais.

Os Estados-Membros podem autorizar as autoridades competentes a permitirem que as informações previstas nas alíneas d) a j) sejam omitidas, no caso de as contas anuais das empresas nas quais se tem participações estarem consolidadas nas contas anuais do grupo ou no caso de o valor atribuído à participação, segundo o método de equivalência, ser publicado nas contas anuais, na condição de que, no parecer das autoridades competentes, a falta destas informações não induza o público em erro sobre os factos e as circunstâncias cujo conhecimento é fundamental para a apreciação do título em causa.

As informações previstas nas alíneas g) e j) podem ser omitidas se as autoridades competentes considerarem que a sua falta não induz os investidores em erro.

a) Firma e sede social da empresa.
b) Domínio de actividade.
c) Fracção do capital detido.
d) Capital subscrito.
e) Reservas.
f) Resultado do último exercício decorrente das actividades normais, depois dos impostos.
g) Valor sob o qual o emitente contabiliza as acções ou partes que detém.
h) Montante ainda por liberar das acções ou partes que detém.

§ *19° Aspectos mobiliários da prestação de contas* 157

i) Montante dos dividendos recebidos no decurso do último exercício das acções ou partes que detém.
j) Montante dos créditos e dos débitos do emitente relativamente à empresa.

5.3. Informações individuais relativas às empresas não referidas no ponto 5.2 e nas quais o emitente detém, pelo menos, 10% do capital. Estas informações podem ser omitidas sempre que tiverem pouco interesse relativamente ao objectivo definido no artigo 21°:
a) Firma e sede social da empresa.
b) Fracção do capital detido.

5.4. Se o prospecto incluir as contas anuais consolidadas:
a) Indicação dos princípios aplicados na consolidação. Estes princípios devem ser explicitamente descritos sempre que no Estado-Membro não exista legislação relativa à consolidação das contas anuais ou sempre que estes princípios não estejam em conformidade coma essa legislação ou com um método comummente aceite e usado no Estado-Membro no qual está situada ou funciona a bolsa na qual a admissão à cotação oficial é solicitada;
b) Indicação da firma e da sede social das empresas abrangidas pela consolidação, desde que esta informação seja importante para a apreciação do património, da situação financeira e dos resultados do emitente. Para tanto, será suficiente assinalá-las graficamente na lista das empresas a respeito das quais estão previstas informações no ponto 5.2;
c) Relativamente a cada uma das empresas referidas na alínea b), indicação:
i) da proporção global dos interesses de terceiros, no caso de as contas anuais serem consolidadas globalmente;
ii) da proporção da consolidação calculada com base nos interesses, no caso de a consolidação ter sido efectuada numa base proporcional.

5.5. Sempre que o emitente for uma empresa dominante que forma um grupo com uma ou várias empresas dependentes, devem ser fornecidas pelo emitente e pelo grupo as informações previstas nos Capítulos 4 e 7.
As autoridades competentes podem permitir que estas informações sejam apenas fornecidas relativamente ao emitente ou ao grupo, na condição de que as informações não apresentadas não sejam importantes.

158 *A prestação de contas no Direito das sociedades*

5.6. Se determinadas informações previstas pelo presente esquema constarem das contas anuais elaboradas nos termos do presente capítulo, não necessitam de ser repetidas.

IV. A Directriz nº 2003/71 reporta-se ao prospecto a publicar em caso de OPA ou de admissão à cotação. Segundo o seu anexo I, o prospecto deve incluir um ponto – o VI – sobre a análise da exploração e da situação financeira e perspectivas.

V. O Regulamento nº 809/2004[327] veio pormenorizar as informações em causa. No tocante às que se prendem com a prestação de contas, vamos reter o ponto 11:

11. **INFORMAÇÕES FINANCEIRAS ACERCA DO ACTIVO E DO PASSIVO, DA SITUAÇÃO FINANCEIRA E DOS LUCROS E PREJUÍZOS DO EMITENTE**

11.1. *Historial financeiro*

Fornecer informações financeiras auditadas relativas aos dois últimos exercícios (ou a um período mais curto correspondente ao período de actividade do emitente) e os relatórios de auditoria de cada exercício. Se o emitente tiver alterado a sua data de referência contabilística durante o período em relação ao qual são requeridas as informações financeiras históricas, as informações históricas auditadas devem abranger o mais curto dos seguintes períodos: 24 meses pelo menos, ou toda a duração da actividade do emitente. Tais informações financeiras devem ter sido elaboradas em conformidade com o Regulamento (CE) n.º 1606/2002 ou, se o mesmo não for aplicável, com as normas nacionais de contabilidade de um Estado-Membro, no caso de um emitente da Comunidade. Relativamente aos emitentes de países terceiros, estas informações financeiras devem ter sido elaboradas em conformidade com as normas internacionais de contabilidade adoptadas nos termos do procedimento do artigo 3.º do Regulamento (CE) n.º 1606/2002 ou com as normas nacionais de contabilidade de um país terceiro equivalentes a estas normas. No caso de estas informações financeiras não serem equivalentes a estas normas,

---

[327] Alterado pelo Regulamento nº 1787/2006, de 4 de Dezembro (JOCE N. L 337/17-20, de 5-Dez.-2006) e pelo Regulamento nº 211/2007, de 21 de Fevereiro (JOCE N. L 62/24-27, de 28-Fev.-2007).

§ 19° *Aspectos mobiliários da prestação de contas*   159

devem ser apresentadas sob forma de uma reformulação das informações financeiras.

As informações financeiras históricas auditadas relativas ao exercício mais recente devem ser elaboradas e apresentadas de forma coerente com as que serão adoptadas pelo emitente nos próximos mapas financeiros anuais publicados, no que respeita às normas de contabilidade e às políticas e legislação aplicáveis aos mapas financeiros anuais.

Se o emitente operar na sua esfera de actividade económica actual há menos de um ano, as informações financeiras históricas auditadas relativas a esse período devem ter sido preparadas em conformidade com as normas aplicáveis aos mapas financeiros anuais ao abrigo do Regulamento (CE) n.º 1606/2002 ou, se o mesmo não for aplicável, com as normas nacionais de contabilidade de um Estado-Membro, quando o emitente é da Comunidade. Relativamente aos emitentes de países terceiros, as informações financeiras históricas devem ter sido elaboradas em conformidade com as normas internacionais de contabilidade adoptadas nos termos do procedimento do artigo 3.º do Regulamento (CE) n.º 1606/2002 ou com as normas nacionais de contabilidade de um país terceiro equivalentes a estas normas. As referidas informações financeiras históricas devem ter sido cabalmente auditadas.

Caso sejam elaboradas em conformidade com normas de contabilidade nacionais, as informações financeiras auditadas a fornecer nesta rubrica devem incluir, no mínimo:

a) O balanço;

b) A demonstração de resultados do exercício;

c) Em caso de admissão de valores mobiliários à negociação unicamente num mercado regulado, um mapa de fluxos de tesouraria;

d) Notas explicativas e políticas contabilísticas.

As informações financeiras históricas anuais devem ser objecto de uma auditoria independente ou objecto de um relatório nos termos do qual proporcionam ou não, para efeitos do documento de registo, uma imagem verdadeira e fiel de acordo com as normas de auditoria aplicáveis num Estado-Membro ou com normas equivalentes.

11.2. *Mapas financeiros*

Se elaborar tanto mapas financeiros individuais como mapas financeiros consolidados, o emitente deve incluir no documento de registo, no mínimo, os mapas financeiros consolidados.

160 *A prestação de contas no Direito das sociedades*

11.3. *Auditoria de informações financeiras históricas anuais*

11.3.1. Apresentar uma declaração atestando que as informações financeiras históricas anuais foram objecto de auditoria. Se os revisores oficiais de contas tiverem recusado a certificação das informações financeiras históricas ou os respectivos relatórios contiverem reservas ou declarações de exoneração de responsabilidade, tais recusas, reservas ou declarações de exoneração de responsabilidade devem ser reproduzidas na íntegra e as razões apresentadas.

(...)

Trata-se de regras que vigoram, directamente, no espaço português.

77. O Direito nacional

I. As regras patentes nas Directrizes acima citadas têm vindo a ser transpostas para o CVM de 1999.

Assim, no caso de sociedades abertas, cabe referir o artigo 245º do referido CVM. Temos:

Artigo 245º[328/329]
Relatório e contas anuais

1. As entidades referidas no n.º 1 do artigo 244.º divulgam, no prazo de quatro meses a contar da data de encerramento do exercício e mantêm à disposição do público por cinco anos:

a) O relatório de gestão, as contas anuais, a certificação legal de contas e demais documentos de prestação de contas exigidos por lei ou regulamento, ainda que não tenham sido submetidos a aprovação em assembleia geral;

b) Relatório elaborado por auditor registado na CMVM;

c) Declarações de cada uma das pessoas responsáveis do emitente, cujos nomes e funções devem ser claramente indicados, onde afirmem que, tanto quanto é do seu conhecimento, a informação prevista na alínea a) foi elaborada em conformidade com as normas contabilísticas aplicáveis, dando uma imagem verdadeira e apropriada do activo e do passivo, da situação financeira e dos resul-

---

[328] Rectificado pela Declaração de Rectificação nº 23-F/99.

[329] Alterado pelo artigo 2º do Decreto-Lei nº 52/2006, de 15 de Março e pelo artigo 7º do Decreto-Lei nº 357-A/2007, de 31 de Outubro.

§ 19° *Aspectos mobiliários da prestação de contas* 161

tados do emitente e das empresas incluídas no perímetro da consolidação, quando for o caso, e que o relatório de gestão expõe fielmente a evolução dos negócios, do desempenho e da posição do emitente e das empresas incluídas no perímetro da consolidação, contém uma descrição dos principais riscos e incertezas com que se defrontam.

2. O relatório referido na alínea *b*) do número anterior é divulgado na íntegra, incluindo:

a) Opinião relativa às previsões sobre a evolução dos negócios e da situação económica e financeira contidas nos documentos a que se refere a alínea *a*) do n.° 1;

b) Elementos correspondentes à certificação legal de contas, se esta não for exigida por outra norma legal ou se não tiver sido elaborada por auditor registado na CMVM.

3. Os emitentes obrigados a elaborar contas consolidadas divulgam a informação referida no n.° 1 sob a forma individual, elaborada de acordo com a legislação nacional, e sob forma consolidada, elaborada de acordo com o Regulamento (CE) n.° 1606/2002, do Parlamento Europeu e do Conselho, de 19 de Julho.

4. Os emitentes não obrigados a elaborar contas consolidadas divulgam a informação referida no n.° 1 sob a forma individual, elaborada de acordo com a legislação nacional.

5. Se o relatório e contas anuais não derem uma imagem exacta do património, da situação financeira e dos resultados da sociedade, pode a CMVM ordenar a publicação de informações complementares.

6. Os documentos que integram o relatório e as contas anuais são enviados à CMVM logo que sejam colocados à disposição dos accionistas.

II. Havendo ofertas públicas, há lugar a um prospecto que deve incluir, entre outros elementos (115°/1):

f) Cópia dos relatórios de gestão e de contas, dos pareceres dos órgãos de fiscalização e da certificação legal de contas do emitente respeitante aos períodos exigíveis nos termos do Regulamento (CE) n° 809/2004, da Comissão, de 29 de Abril;

g) Relatório ou parecer de auditor elaborado nos termos dos artigos 8° e 9°.

162   *A prestação de contas no Direito das sociedades*

78. Informação auditada e normalização da informação

I. Num plano de crescente generalidade, cabe agora reter o artigo 8º do CVM, relativo à informação auditada. Dispõe:

Artigo 8º[330]
Informação auditada

1. Deve ser objecto de relatório elaborado por auditor registado na CMVM a informação financeira anual contida em documento de prestação de contas ou em prospectos que:

    a) Devam ser submetidos à CMVM;

    b) Devam ser publicados no âmbito de pedido de admissão à negociação em mercado regulamentado; ou

    c) Respeitem a instituições de investimento colectivo.

2. Se os documentos referidos no número anterior incluírem previsões sobre a evolução dos negócios ou da situação económica e financeira da entidade a que respeitam, o relatório do auditor deve pronunciar -se expressamente sobre os respectivos pressupostos, critérios e coerência..)

3. No caso de a informação intercalar ou as informações financeiras trimestrais ou semestrais terem sido sujeitas a auditoria ou a revisão limitada, é incluído o relatório de auditoria ou de revisão; caso não o tenham sido, é declarado tal facto.

II. Muito relevo tem, ainda, o artigo 11º do referido CVM, que determina:

Artigo 11º
Normalização de informação

1. Ouvida a Comissão de Normalização Contabilística e a Ordem dos Revisores Oficiais de Contas, a CMVM pode, através de regulamento, definir regras, harmonizadas com padrões internacionais, sobre o conteúdo, a organização e a apresentação da informação económica, financeira e estatística utilizada em documentos de prestação de contas, bem como as respectivas regras de auditoria.

2. A CMVM deve estabelecer com o Banco de Portugal e com o Instituto de Seguros de Portugal regras destinadas a assegurar a compatibilização da informação a prestar, nos termos do número anterior, por intermediários financeiros sujeitos também à supervisão de alguma daquelas autoridades.

---

[330]Alterado pelo artigo 1º do Decreto-Lei nº 66/2004, de 24 de Março, pelo artigo 2º do Decreto-Lei nº 52/2006, de 15 de Março e pelo artigo 7º do Decreto-Lei nº 357-A/2007, de 31 de Outubro.

CAPÍTULO V
Perspectivas dogmáticas
da prestação de contas

§ 20º O estado das questões

79. As massas normativas

I. No termo desta breve introdução ao Direito da prestação de contas, impõe-se a dupla tarefa de fixar o estado das questões e de prognosticar as suas potencialidades jurídico-científicas.

Quanto à realidade existente, uma primeira constatação: deparamos com sucessivas massas normativas, com origens distintas e objectivos imediatos diferentes. Recordamos que a prestação de contas ocorre:

- no Direito comercial, visando o conhecimento dos próprios;
- no Direito das sociedades comerciais, facultando a sua fiscalização e condicionando diversos institutos;
- no Direito da insolvência, levantando responsabilidades e adequando a execução universal;
- na concretização e na fiscalização tributárias, dando corpo ao funcionamento moderno dos tributos;
- no Direito mobiliário, permitindo a informação e a supervisão.

Diversas áreas específicas poderiam, ainda, ser mencionadas.

II. A prestação de contas preenche, ainda, o Direito da contabilidade e áreas conexas. Esse Direito está ao serviço do Direito das sociedades e, em certos termos, do Direito fiscal. Temos, ainda, de lidar, em termos instrumentais:

- com regras internacionais: as NIC;
- com regras comunitárias: as 4ª, 7ª e 8ª Directrizes e diversos regulamentos;
- com regras internas: o POC e diplomas circundantes.

III. *Prima facie*, podemos considerar a presença de massas normativas distintas, com origens próprias e preocupações autónomas. As conexões entre essas massas são possibilitadas, precisamente, pelas regras instrumentais.

80. Cruzamentos horizontais e verticais

I. A prestação de contas poder-se-ia apresentar como um Direito de tipo horizontal, semelhante, nessa característica, a ramos como o do Direito do ambiente ou o do Direito da construção: reúne, num corte horizontal, realidades que advêm do Direito privado, do Direito administrativo e do Direito financeiro, unificadas em função da problemática comum: a defesa do ambiente ou o urbanismo.

II. A natureza meramente horizontal é pouco consistente, em termos dogmáticos. Mas tem consequências. O simples facto de reunir matéria, ainda que diversa, permite descobrir interacções, apurar contradições (a atenuar) e fixar analogias.

Todavia, no caso da prestação de contas, temos um factor de integração vertical: as próprias contas, assentes em regras de contabilidade juridificadas.

A prestação de contas oferece, também, cruzamentos verticais, em termos de interacção entre diversas áreas normativas.

81. Escassez e diversidade científicas

I. A prestação de contas sofre pelo escasso interesse que os juristas demonstram pelo Direito da contabilidade. O POC fica fora dos roteiros universitários. As NIC e os instrumentos que lhes subjazem já suscitaram alguns estudos de divulgação. Até há bem pouco, havia que recorrer à literatura estrangeira. Não há, todavia,

§ *20° O estado das questões* 165

obras dogmáticas sobre as inerentes fontes e isso apesar da sua evidente natureza estimulante.

II. Quanto às áreas implicadas dos Direitos comercial, das sociedades, da insolvência, fiscal e mobiliário: são distintas, cultivadas por estudiosos de diversas formações e objecto de Ciências diferenciadas. Cada vez mais é difícil o generalismo necessário para dominar disciplinas díspares. Repare-se: não estão em causa, apenas, as "contas" relevantes para as apontadas disciplinas. Antes há que conhecer cada uma das dogmáticas implicadas.

O estado das questões é, assim, marcado por um subdesenvolvimento científico.

§ 21º Vectores programáticos

82. A construção dogmática da disciplina

I. O Direito da prestação de contas deve ser dogmaticamente construído a partir do Direito das sociedades. *Summo rigore*, deveria sê-lo na base do Direito comercial: mas a reforma de 2006 remeteu-o, por hora, para as sociedades.

Será, assim e na tradição germânica, um Direito materialmente público (como o Direito do registo comercial, por exemplo), mas sistematicamente privado, usando conceitos e técnicas comerciais de realização.

II. O Direito das sociedades deve ser enriquecido com noções de contabilidade e uma exposição sobre o POC e as NIC. Tudo isso será precedido da evolução histórica e do posicionamento comparatístico do tema, inevitável para surpreender o sentido do crescente predomínio do sistema anglo-saxónico, no domínio da prestação de contas. Paralelamente: há que ensinar Direito aos contabilistas, aos técnicos de contas, aos ROC, aos auditores e, em geral, a quantos tenham de trabalhar com as contas das empresas.

III. No Direito das sociedades cabe concretizar as contas: vimos o seu papel na fiscalização e na prestação de contas das sociedades, na defesa do capital social, nas acções próprias e na amortização de quotas, como pólos exemplares de concretização.

Isto posto: a matéria elaborada no Direito das sociedades poderá, depois, ser usada com êxito no domínio mobiliário e no fiscal.

§ 21° Vectores programáticos

83. Especificidades na interpretação e na aplicação

I. Tem muito interesse saber se, na interpretação e na aplicação do Direito da prestação de contas, há regras próprias e uniformes.
À partida, a resposta parece ser negativa. Na verdade, nós temos:

- fontes de Direito das sociedades, que seguem os vectores comuns do Código Civil;
- fontes de Direito contabilístico, dominadas por preocupações teleológicas, particularmente após a influência anglo-saxónica, via NIC;
- fontes de Direito fiscal que comportam a dimensão funcional;
- fontes comunitárias, em sobreposição com as restantes, teriam ainda esquemas próprios.

A inexistência de regras próprias e uniformes de interpretação e de aplicação no Direito da prestação de contas, a confirmar-se, representaria um golpe severo nas perspectivas de, dele, fazer uma verdadeira disciplina jurídica.

II. A manutenção de regras específicas, no tocante às fontes europeias, parece inevitável[331]. Mas é comum, hoje, às diversas disciplinas jurídicas.

O Direito financeiro tem particularidades interpretativas que se mantêm, no campo das contas[332]. Parece inevitável.

Resta a matéria do Direito contabilístico em si, com o especial cuidado posto no manuseio dos princípios e da sua concretização. Também aí não é realista abdicar da especial postura pressuposta pela sua concretização.

Pois bem: a aposta está justamente nas apontadas diversidades. Apenas o tratamento conjunto das múltiplas províncias que preenchem o Direito da prestação de contas permitirá, desde logo, a consciência de diversas técnicas de realização do Direito. Além disso e

---

[331] *Vide* ALBERT BECHMANN, *Die Richtlinie im Europäischen Gemeinschaftsrecht und im Deutsche Recht*, em LEFFSON/RÜCKLE/GROSSFELD, *Handwörterbuch unbestimmter Rechtsbegriffe im Bilanzrecht des HGB* (1986), 11-28 (21 ss.), relativamente à interpretação das directrizes de prestação de contas.

[332] ROBERT WINNEFELD, *Bilanzhandbuch*, 4ª ed. cit., 34.

sobretudo: somente o recurso à metodologia moderna propiciada, tradicionalmente, pelo Direito civil faculta o manuseio e a concretização de princípios e conceitos indeterminados.

III. Perante essa metodologia haverá sempre que, norma a norma, ponderar os valores em presença e a vontade legislativa da sua concretização.

84. Multidisciplinariedade

I. O Direito da prestação de contas está repartido por distintas disciplinas jurídicas, posicionando-se, de um modo geral, na periferia de todas elas. A fraqueza é estrutural: os ramos do Direito advêm de sólida tradição e têm consequências estruturais na preparação e na especialização dos juristas. Não é de esperar que tal estado de coisas se possa modificar, em nome da prestação de contas.

II. Impõe-se, por isso, um cultivo multidisciplinar da prestação de contas. À semelhança de outras experiências universitárias, comercialistas, fiscalistas, técnicos de contas, contabilistas e auditores deveriam pôr a sua experiência em comum, procurando entender os pontos de vista uns dos outros.

Nessa base, sempre com humildade académica, um Direito da prestação de contas torna-se viável.

ÍNDICE DE JURISPRUDÊNCIA

(Nacional)

Tribunal Constitucional

TC nº 564/2007, de 13-Nov.-2007 (SOUSA RIBEIRO), inabilitação do insolvente – 65.

Supremo Tribunal de Justiça (Pleno)

STJ(P) nº 2/98, de 22-Abr.-1997 (RAMIRO VIDIGAL), sigilo da escrituração – 47.

Supremo Tribunal de Justiça

STJ 6-Jul.-1948 (PEDRO DE ALBUQUERQUE), amortização de quota – 141.
STJ 1-Mai.-1956 (AGOSTINHO FONTES), liquidação da amortização – 142.
STJ 7-Dez.-1956 (sem ind. relator), cláusula de amortização – 142.
STJ 3-Mar.-1959 (AGOSTINHO FONTES), deliberação de amortização –142.
STJ 13-Abr.-1962 (JOSÉ OSÓRIO), valor da quota e abuso – 142.
STJ 15-Jun.-1962 (LOPES CARDOSO), assembleia e amortização – 142.
STJ 5-Fev.-1963 (ARLINDO MARTINS), valor da quota – 142.
STJ 17-Jul.-1964 (GONÇALVES PEREIRA), último balanço e reserva – 142.
STJ 9-Abr.-1965 (GONÇALVES PEREIRA), casos de amortização – 142.
STJ 12-Jan.-1971 (ALBUQUERQUE ROCHA), casos de amortização – 142.
STJ 22-Fev.-1972 (J. SANTOS CARVALHO JÚNIOR), valor da quota e abuso – 142.
STJ 24-Mar.-1992 (CÉSAR MARQUES), venda judicial de quota – 146, 150.
STJ 24-Jun.-1993 (SAMPAIO DA SILVA), valor negativo do capital e das reservas – 149.
STJ 29-Out.-1996 (TORRES PAULO), oposição à amortização – 149.
STJ 6-Mai.-1997 (PAIS DE SOUSA), amortização; ressalva do capital social e das reservas – 149.
STJ 23-Set.-1997 (CARDONA FERREIRA), casos de amortização – 146
STJ 11-Abr.-2000 (FERREIRA RAMOS), extinção da quota – 144.

Relação de Coimbra

RCb 1-Fev.-2000 (ANTÓNIO GERALDES), inquérito às contas – 111.

Relação de Évora

REv 27-Jun.-1991 (RAÚL MATEUS DA SILVA), sócio visado pela amortização – 149.
REv 16-Nov.-2000 (MARIA JOÃO GRAÇA ROMBA), valor da amortização e pacto social – 150.

170   *Introdução ao Direito da prestação de contas*

Relação de Lisboa

RLx 29-Nov.-1930 (Mourisca), acções próprias – 129.
RLx 31-Jul.-1974 (sem ind. relator), quotas penhoradas – 142.
RLx 13-Mai.-1999 (Salvador Pereira Nunes da Costa), extinção da quota – 144.

Relação do Porto

RPt 2-Jul.-1991 (Mário Ribeiro), amortização; ressalva do capital social e das reservas – 149.
RPt 15-Jun.-1993 (Gonçalves Vilar), sócio visado pela amortização – 149.

1ª Instância

Lisboa (1ª Vara Comercial) 30-Nov.-1929 (João Teixeira Direito), acções próprias – 129.

ÍNDICE ONOMÁSTICO

ABRANCHES, JOAQUIM – 141
ACCORELLA, C. – 56
ADLER, HANS – 23
ALBACH, HORST – 36
ALBUQUERQUE, PEDRO DE – 141
ALMEIDA, CRISTIANA PINTO DE – 12
ANDREWS, NEIL – 61
ANTHERO, ADRIANO – 130
ANTUNES, BRUNO BOTELHO – 12

BAITERUS – 18
BALLWIESER, WOLFGANG – 40, 95
BARDENZ, ALEXANDER – 80
BARROS, MAGALHÃES – 141
BAUMBACH – 139
BAUR, FRITZ – 57
BAYER, HIERONIMUS – 56, 57
BECHMANN, ALBERT – 167
BEIGEL, R. – 17, 18
BEIRÃO, VEIGA – 46, 49, 58, 59, 73, 130
BENCKENDORFF, ANDREAS – 129
BENEVIDES, JOSÉ – 50, 54
BERGMANN, ALFRED – 139
BONAVIE, JOÃO BAPTISTA – 42
BONFANTE, LARISSA – 15
BORGES, ANTÓNIO – 12, 79
BORGES, FERREIRA – 44, 58
BORK, REINHARD – 57
BRAVO, ADOLFO – 141
BRUGSH-REY – 16
BUDDE, WOLFGANG DIETER – 72, 104

CABRAL, AMARAL – 59
CABRAL, BORGES – 59
CAEIRO, ANTÓNIO – 132
CAETANO, MARCELLO – 52

CALATRAVA, JUAN – 20
CAMEIRA, TOMAZ PEREIRINHA – 12
CAMELO, GONÇALO RODRIGUES – 42
CANARIS, CLAUS-WILHELM – 21, 72, 73, 104, 105
CANNU, PAUL LE – 127
CARDOSO, JOSÉ PIRES – 54
CARDOSO, LOPES – 142
CARLOS, ADELINO DA PALMA – 54
CARLOS, MARIA AMÉLIA – 12
CARVALHO JÚNIOR, J. SANTOS – 142
CARVALHO, FERNANDO MARTINS DE – 141
CARVALHO, RUY GOMES DE – 141
CASTRO, CARLOS OSÓRIO DE – 133
CHEVRIER, ÉRIC – 128
CICERO – 18
CICERONIS, M. TULLII – 18
CLAUSSEN, CARSTEN P. – 27, 80
COELHO, JOSÉ GABRIEL PINTO – 52
COOPER, WILLIAM – 25
CORDEIRO, ANTÓNIO MENEZES – 12
CORREIA, ANTÓNIO FERRER – 141
CORSI, FRANCESCO – 118
CORTÊS, ULISSES – 52
COSTA, SALVADOR PEREIRA NUNES DA – 144
COSTANZO, PAULO – 117
COTTINO, GASTONE – 126
CREZELIUS, GEORG – 72, 104
CROCA, MARIA ADELAIDE ALVES DIAS RAMALHO – 110
CUNHA, PAULO – 52, 54
CUNHA, PAULO DE PITTA E – 70

DAFFORNE, RICHARD – 24
DEGOS, JEAN-GUY – 15, 16, 17, 19, 20, 22, 24
DELAPORTE – 43

172   *Introdução ao Direito da prestação de contas*

DIAS, GABRIELA FERREIRA – 107
DIETZEL, H. – 18
DIREITO, JOÃO TEIXEIRA – 131
DOMINGUES, PAULO DE TARSO – 119
DÜRING, WALTER –23

EBKE, WERNER F. – 23
ECKARDT – 116
EISENHARDT, ULRICH – 117
ENDEMANN, WILHELM – 56, 57
ESCARRA, JEAN – 56

FASTRICH, LORENZ – 139
FERNANDES, LUÍS A. CARVALHO – 60
FERRARA, FRANCESCO – 118
FERREIRA, CARDONA – 146
FERREIRA, ROGÉRIO – 13
FIBONACCI, LEONARDO – 19
FILIPE I – 42
FONTES, AGOSTINHO – 142
FRANCHIS, FRANCESCO DE – 57
FRANCO, ANTÓNIO DE SOUSA – 71
FRANCO, JOÃO – 130
FURTADO, JORGE PINTO – 124, 131

GERALDES, ANTÓNIO – 111
GEISSLER – 85, 88, 91, 92, 93
GESSLER – 116
GÖLLERT, KURT – 104
GONÇALVES, LUIZ DA CUNHA – 46, 73, 131
GONZÁLEZ, ANTONIO M. – 20
GOODE, ROY – 57
GROSSFELD, BERNHARD – 13, 22, 27, 35, 95,
    105, 167
GRUNDMANN, STEFAN – 33, 35, 129
GUALAZZINI, U. – 56
GUEDES, MARQUES – 54
GUIMARÃES, JOAQUIM FERNANDO DA CUNHA –
    41, 42, 67

HABERSÄCK, MATHIAS – 33, 129
HAGENS, CARL – 57
HALMIUS –18
HAMURABI – 16
HARALD – 21
HÄSEMEYER, FRITZ – 61

HEFERMEHL – 116
HENRIQUES, D. AFONSO – 41
HOHL, PATRICK – 23, 27, 29
HOLGATE, PETER – 13
HOLT, GRAHAM J. – 31
HOMMELHOFF – 140
HUECK, ALFRED – 139
HUECK, GÖTZ – 128, 139
HÜFFER, UWE – 116, 129
HULLE, KAREL VAN – 35

JÄGER, EMIL LUDWIG – 20
JAUERNIG, OTHMAR – 57
JEANTIN, MICHEL – 116
JOÃO I, D. – 42
JONES, EDWARD THOMAS – 24
JOUANIQUE, PIERRE – 19

KALKHOF, WOLFGANG – 80
KIRNBERGER, CHRISTIAN – 23
KLEIN, BURCKHARD – 21, 48
KLEIN, GÜNTER – 36
KOHLER, J. – 56, 57
KOPP, HANS-JOACHIM – 129
KROPFF, BRUNO – 116
KUSTERER, STEFAN – 93

LABAREDA, JOÃO – 60, 133, 147
LEE, GEOFFREY A. – 20
LEFFSON, ULRICH – 13, 95, 167
LEMARCHAND, YANNICK – 49
LIMA, PIRES DE – 54
LOUREIRO, SANTOS – 141
LUCCHINI, E. (Padre) – 20
LÜCK, WOLFGANG – 36
LÜHRMANN, VOLKER – 34
LUTTER, MARCUS – 36, 114, 140

MACEDO, PEDRO DE SOUSA – 56, 58
MAGALHÃES, ANTÓNIO DE ASSIS TEIXEIRA DE
    – 66
MAGALHÃES, BARBOSA DE – 59
MAIA, ANA LUÍSA FEITEIRO – 12
MAIR, JOHN – 24
MAKOWER, H. – 23
MARITZEN, LARS – 29

Índice onomástico

Marques, A. H. de Oliveira – 42
Marques, César – 146, 150
Marquês de Pombal – 58
Martinez, Pedro Soares – 66, 68
Martins, Arlindo – 142
Merle, Philippe – 128
Mestre, Jacques – 21, 80
Minaud, Gérard – 18
Mirza, Abbas Ali – 31
Mitchell, T. N. – 18
Moisés – 17
Monteiro, Armindo – 42
Morck – 77
Mossa, Lorenzo – 126
Mourisca – 131
Moxter, Adolf – 79

Napoleão – 21, 44
Navarrini, Umberto – 60
Negreiros, Trigo de – 54
Neto, Abílio – 141
Neto, Olavo Fernandes Maia – 12
Niehus, Rudolf J. – 35

Oldcastle, Hugh – 24
Oliveira, Águedo de – 52
Orellii –18
Orrell, Magnus – 31
Osório, José – 142

Pacioli, Luca Bartolomeo de – 19, 20, 24
Paulo, Torres – 149
Peat, William – 25
Peemöller, Volker H. – 22, 24, 26, 28, 29, 39, 40
Peetz, Carsten – 139
Penndorf, Balduin – 19
Pereira, Gonçalves – 142
Perez, José Joaquim da Silva – 43
Pimenta, Alberto – 123
Pisoni, Pascal – 128
Pozzo, Barbara – 129
Praquin, Nicolas – 49
Price, Samuel – 25
Pricewaterhouse Coopers – 40

Raiser, Thomas – 113
Ramiro, José Gonçalves – 43
Ramos, Ferreira – 144
Rau, Virgínia – 42
Rehm, Hermann – 23
Reis, José Alberto dos –52, 59
Reis, José Vieira dos – 12
Relvas, José – 51, 74
Ribeiro, Aureliano Strecht – 131
Ribeiro, Hintze – 130
Ribeiro, Mário – 149
Ribeiro, Sousa – 65
Ringling, Wilfried – 104
Rocha, Albuquerque – 142
Rocha, Maria Victória Ferreira da – 133
Rodgers, Paul – 29
Rodrigues, Azevedo – 12, 79
Rodrigues, Manuel – 59
Rodrigues, Rogério – 12, 79
Romba, Maria João Graça – 150
Rontchevsky, Nicolas – 128
Roth – 77
Rowedder, Heinz – 139
Rückle, Dieter – 13, 95, 167

Salazar, António de Oliveira – 67
Salgado, António Mota – 60
Samoza, Francisco Salgado – 56
Sampaio, Maria de Fátima Rodrigues Cravo de – 12
Sanches, J. L. Saldanha – 88
Santarelli, Umberto – 56
Santos, Filipe Cassiano dos – 124
Savary – 21, 22
Savonne, Pierre de – 22
Scali, Pietro Paolo – 20
Schmaltz, Kurt – 23
Schmidt, Karsten – 104, 113, 114, 116, 128
Schmidt-Leithoff – 139
Schön, Siegfried – 126
Schönke, Adolf – 57
Schruff, Lothar – 35
Schulze-Osterloh, Joachim – 34, 80
Schwarz, Günter Christian – 35, 36
Serra, Catarina – 61
Seuffert, Lothar – 56, 57

SIEGEL, STANLEY – 34
SILVA, AMÂNDIO FERNANDES – 12
SILVA, BURSTORFF – 54
SILVA, FERNANDO EMÍDIO DA – 52
SILVA, JOÃO GOMES DA – 133
SILVA, RAÚL MATEUS DA – 149
SILVA, SAMPAIO DA – 149
SIMON, HERMANN VEIT – 19, 21, 23
SOARES, ANTÓNIO – 143, 144, 147, 148
SOARES, MARIA ANTONIETA – 42
SOUSA, ANTONIO BAPTISTA DE – 50
SOUSA, JOÃO HENRIQUES DE – 43
SOUSA, MANUEL ANDRADE E – 54
SOUSA, PAIS DE – 149
STÜRNER, ROLF – 57
SZLECHTER, EMILE – 16

TELLES, INOCÊNCIO GALVÃO – 141
TIAN-PANCRAZI, MARIE-EVE – 21, 80
TIPKE, KLAUS – 95
TORRES, RUI D'ABREU – 42
TRUMPLER, HANS – 23
TYOVA, VIRGÍLIO DA RESSURREIÇÃO BERNARDO
    ADRIANO – 12

ULRICH, RUY ENNES – 54

VEIGA, LENCASTRE DA – 142
VEIL, RÜDIGER – 113
VENTURA, RAÚL – 124, 132, 133, 139, 142,
    143, 145, 147, 151, 151
VERRES – 18
VIDIGAL, RAMIRO – 47
VILAR, GONÇALVES – 149
VILELLA, MACHADO – 52
VINCI, LEONARDO DA – 20
VISCONDE DE CARNAXIDE – 49, 50, 54
VITAL, FEZAS – 52

WATERHOUSE, EDWIN – 25
WEDGWOOD, JOSIAH – 25
WESTERMANN, HARM PETER – 139
WIEDEMANN, HARALD – 34, 48, 104
WIESNER – 129
WINDBICHLER, CHRISTINE – 128
WINKELJOHANN, NORBERT – 21, 48, 85, 88,
    91, 92, 93
WINNEFELD, ROBERT – 40, 167
WOLFF, LUTZ-CHRISTIAN – 139
WYSOCKI, K. VON – 36

XAVIER, VASCO LOBO – 58

ÍNDICE BIBLIOGRÁFICO

AAVV – *Münchener Handbuch des Gesellschaftsrechts*, 2ª ed., 4 – *Aktiengesellschaften*, 1999.

A legislação 1907, 798-812.

ABRANCHES, JOAQUIM – *Amortização de quotas*, Revista de Justiça 30 (1945), 157-159.

ACCORELLA, C./GUALAZZINI, U. – *Fallimento (storia)*, ED XVI (1967), 220-232.

ADLER, HANS/DÜRING, WALTER/SCHMALTZ, KURT – *Rechnungslegung und Prüfung der Aktiengesellschaft / Handkommentar*, em comentário à lei, 4ª ed., 1 (1968), 2 (1971) e 3 (1972).

ALBACH, HORST/KLEIN, GÜNTER – *Die Entwicklung des europäischen Konzernrechts/ Einleitender Überlick über die 7. EG-Richtlinie und ihre Beitrag zur Harmonisierung der Konzernrechnungslegung*, em ALBACH/KLEIN, *Harmonisierung der Konzernrechnungslegung in Europa* (1990), 1-9.

ALMEIDA, CRISTIANA PINTO DE – *O princípio da especialização de exercícios e o lucro tributável*, 2003.

ANDREWS, NEIL – *The Pursuit of Truth in Modern English Civil Proceedings*, ZZPInt 8 (2003), 69-96.

ANÓNIMO – *Tratado sobre as partidas dobradas / Por meyo da qual podem aprender e arrumar as contas nos Livros, e conhecer dellas, todos os Curiozos impossibilitados de cultivar as Aulas desta importante Ciência & c.*, Turim, 1764.

ANTHERO, ADRIANO – *Commentario ao Codigo Commercial Portuguez*, 1, 1913.

ANTUNES, BRUNO BOTELHO – *Da relevância dos princípios contabilísticos geralmente aceites para o Direito fiscal*, 2003.

BALLWIESER, WOLFGANG – *Unbestimmte Rechtsbegriffe*, em LEFFSON/RÜCKLE/GROSSFELD, *Handwörterbuch unbestimmter Rechtsbegriffe im Bilanzrecht* (1986), 29-38; – *Vergleichende Darstellung IAS/US-GAAP/HGB*, no WILEY-*Kommentar zur internationalen Rechnungslegung nach IAS/IFRS* (2005), 1199-1233.

BARDENZ, ALEXANDER – *Durchbruch für das International Accounting Standards Committee?*, WM 1996, 1657-1671.

BAUR, FRITZ/STÜRNER, ROLF/SCHÖNKE, ADOLF – *Zwangsvollstreckungs- Konkurs- und Vergleichsrecht*, 11.ª ed., 1983.

BAYER, HIERONIMUS – *Theorie des Concurs-Prozesses nach gemeinem Rechte*, 4.ª ed., 1850.

BECHMANN, ALBERT – *Die Richtlinie im Europäischen Gemeinschaftsrecht und im Deutsche Recht*, em LEFFSON/RÜCKLE/GROSSFELD, *Handwörterbuch unbestimmter Rechtsbegriffe im Bilanzrecht des HGB* (1986), 11-28.

176   *Introdução ao Direito da prestação de contas*

BEIGEL, R. – *Rechnungswesen und Buchführung der Römer*, 1904, reimp., 1968.

BENCKENDORFF, ANDREAS – *Erwerb eigener Aktien im deutschen und US-Amerikanischen Recht*, 1998.

BENEVIDES, JOSÉ – *Um projecto de lei e a responsabilidade na gerência das sociedades anonymas*, 1893.

BERGMANN, ALFRED – *vide* ROWEDDER, HEINZ.

BONAVIE, JOÃO BAPTISTA – *Mercador exacto nos seus livros de contas, do método fácil para qualquer mercador, e outros arrumarem as suas contas com a clareza necessaria, com seu diário, pelos principios das Partidas dobradas, segundo a determinação de Sua Magestade*, Lisboa, 1758, Porto 1771 e Lisboa, 1779.

BONFANTE, LARISSA e outros – *La naissance des écritures / Du cuneiforme à l'alphabet* (ed. francesa), 1994.

BORGES, ANTÓNIO/RODRIGUES, AZEVEDO/RODRIGUES, ROGÉRIO – *Elementos de contabilidade geral*, 15ª ed., 1997.

BORK, REINHARD – *Insolvenzordnung*, 9.ª ed., 2004.

BRAVO, ADOLFO – *Amortização de cotas: sua regulamentação e pagamento*, GRLx 54 (1940), 97-98.

BUDDE, WOLFGANG DIETER e outros – *Beck'scher Bilanz-Kommentar. Handels- und Steuerrecht/§§ 238 bis 339 HGB*, 3ª ed., 1995 e 6ª ed., 2006.

CABRAL, AMARAL – *vide* REIS, ALBERTO DOS.

CAEIRO, ANTÓNIO – *Aumento de capital e acções próprias*, em *Temas de Direito das sociedades* (1984), 287-300.

CALATRAVA, JUAN – *vide* PACIOLI, LUCA.

CAMEIRA, TOMAZ PEREIRINHA – *Tratamento contabilístico do trespasse*, 2005.

CANARIS, CLAUS-WILHELM – *Handelsrecht*, 23ª ed., 2000.

CANNU, PAUL LE – Introdução ao *Code des sociétés*, 17ª ed., 2000.

CARDOSO, JOSÉ PIRES – *Problemas do anonimato – II Fiscalização das sociedades anónimas*, 1943.

CARLOS, ADELINO DA PALMA (rel.) – *Regime de fiscalização das sociedades anónimas/ Parecer*, ACC nº 149 de 8 de Outubro de 1969 = CC/Pareceres (IX Legislatura) Ano de 1969 (1970), 897-947.

CARLOS, MARIA AMÉLIA – *As IAS/IFRS – International Accouting Standards –, e a realização teleológica do Direito do balanço nas sociedades abertas: a imagem verdadeira*, 2005.

CARVALHO, FERNANDO MARTINS DE – *Amortização de quotas*, O Direito 69 (1937), 130-136; – *Amortização de cotas*, ROA 1 (1945) 1, 57-68.

CARVALHO, RUY GOMES DE – *Amortização de acções e de quotas*, 1931.

CASTRO, CARLOS OSÓRIO DE – *A contrapartida de aquisição de acções próprias*, RDES 1988, 249-272.

CICERONIS, M. TULLII – *Opera* (ed. org. ORELLII/BAITERUS/HALMIUS, Turim, 1854), II, *Actionis Secundae in C. Verrem*.

CLAUSSEN, CARSTEN P. – *So musste es Kommen! – Über die Situation des deutschen Rechnungslegungsrechts*, AG 1993, 278-280.

Code de commerce, 102ª ed. da Dalloz, NICOLAS RONTCHEVSKY, 2007, colab. ÉRIC CHEVRIER e PASCAL PISONI.

Índice bibliográfico

Collecção das Leys, Decretos, e Alvaras, que comprehende o Feliz Reinado del Rey Fidelissimo D. José o I. Nosso Senhor, tomo I, 1790, tomo II 1770

COSTANZO, PAULO e outros – *Le società / Commento al D. lgs 6/2003, 2003.*

Contabilidade, na GELB 7 (s/d), 522-532.

CORDEIRO, ANTÓNIO MENEZES – *Escrituração comercial, prestação de contas e disponibilidade do ágio nas sociedades anónimas*, em *Estudos em homenagem ao Professor Doutor Inocêncio Galvão Telles*, vol. IV (2003), 573-598;
– *Direito europeu das sociedades*, 2005;
– *A grande reforma das sociedades comerciais*, O Direito 2006, 245-276;
– *Manual de Direito das sociedades*, 2ª ed., 2007 (dois volumes);
– *Manual de Direito comercial*, 2ª ed., 2007.

CORREIA, ANTÓNIO FERRER – *Amortização e cessão de quotas*, anotação a STJ 20-Jun.-1943 (MAGALHÃES BARROS), RDES 1 (1945-46), 53-75.

CORSI, FRANCESCO – *vide* FERRARA, FRANCESCO.

COTTINO, GASTONE – *Società (diritto vigente): società per azioni*, NssDI XVII (1970), 570-670.

CREZELIUS, GEORG – *Einführung in das Handelsbilanzrecht*, JA 1990, 366-369 e 1991, 1-7.

CROCA, MARIA ADELAIDE ALVES DIAS RAMALHO – *As contas do exercício/Perspectiva civilística*, ROA 1997, 629-667.

CUNHA, PAULO (rel.) – *Fiscalização das sociedades anónimas/Parecer*, DSess nº 19, de 12-Mar.-1943, 172-194.

CUNHA, PAULO DE PITTA E – *A reforma fiscal portuguesa nos anos 80*, ROA 1981, 691-702.

DEGOS, JEAN-GUY – *Histoire de la comptabilité*, 1998.

DIAS, GABRIELA FERREIRA – *Fiscalização de sociedades e responsabilidade civil (após a reforma das sociedades comerciais)*, 2006.

DIETZEL, H. – *Die Commanditen-Gesellschaft und die actio Tributoria*, ZHR 2 (1859), 1-18.

DOMINGUES, PAULO DE TARSO – *Do capital social / Noção, princípios e funções*, 2.ª ed., 2004.

DÜRING, WALTER – *vide* ADLER, HANS.

EISENHARDT, ULRICH – *Gesellschaftsrecht*, 9ª ed., 2000.

ENDEMANN, WILHELM – *Die Entwicklung des Konkursverfahrens in der gemeinrechtlichen Lehre bis zu der Deutschen Konkursordnung*, ZZP 12 (1888), 21-96.

ESCARRA, JEAN – *Cours de Droit Commercial*, 1952.

FASTRICH, LORENZ – *vide* HUECK, ALFRED.

FERNANDES, LUÍS A. CARVALHO/LABAREDA, JOÃO – *Código dos Processos Especiais de Recuperação da Empresa e de Falência anotado*, 3.ª ed., 1999.

FERRARA, FRANCESCO/CORSI, FRANCESCO – *Gli imprenditori e le società*, 9ª ed., 1994; 13ª ed., 2006.

FERREIRA, ROGÉRIO – *Contabilidade para não contabilistas*, 2005.

FIBONACCI, LEONARDO – *Pratica geometricae*, 1220;
– *Flos*, 1225;
– *Liber quadratorum*.

FRANCHIS, FRANCESCO DE – *Fallimento in diritto angloamericano*, DDP/SCom V (1990), 434-443.

178   *Introdução ao Direito da prestação de contas*

FRANCO, ANTÓNIO DE SOUSA – *Contabilidade*, Enciclopédia Verbo 7 (1998), 1096-1098.
FURTADO, JORGE PINTO – *Código Comercial anotado*, II/1, 1979;
    – *Curso de Direito das Sociedades*, 5ª ed., 2004.

GEISSLER – *vide* WINKELJOHANN, NORBERT.
GÖLLERT, KURT/RINGLING, WILFRIED – *Bilanzrecht*, 1991.
GONÇALVES, LUIZ DA CUNHA – *Comentário ao Código Comercial Português*, I, 1914.
GONZÁLEZ, ANTONIO M. – introdução a PACIOLI, LUCA – *La divina proporción*, tradução castelhana de *De divina proportionii*, por JUAN CALATRAVA, 1991.
GOODE, ROY – *Commercial Law*, 3.ª ed., 2004.
GROSSFELD, BERNHARD – *Zur Geschichte des europäischen Bilanzrechts*, FS Habscheid (1989), 131-138;
    – *Bilanzrecht / Jahresabschluss, Konzernabschluss, Internationale Standards*, 3ª ed., 1997;
    – *Internationale Rechnungslegung/Internationalisierung als Führungsaufgabe*, em GRUNDMANN, *Systembildung und Systemlücken* (2000), 289-303;
    – *vide* LEFFSON, ULRICH.
GRUNDMANN, STEFAN – *Europäisches Gesellschaftsrecht*, 2004.
GUALAZZINI, U. – *vide* ACCORELLA, C..
GUIMARÃES, JOAQUIM FERNANDO DA CUNHA – *Os primeiros livros portugueses sobre contabilidade*, em *História da contabilidade em Portugal*, 2005;
    – *Contabilidade e fiscalidade (articulações)*, em *História da Contabilidade em Portugal* (2005), 159-165;
    – *Ensino da História da contabilidade e sua actualidade em Portugal*, em *História da contabilidade em Portugal / Reflexões e homenagens* (2005), 27-54.

HABERSÄCK, MATHIAS – *Europäisches Gesellschaftsrecht*, 3ª ed., 2006.
HARALD – *Bilanzrecht / Kommentar zu den §§ 238 bis 34a HGB* (1999).
HÄSEMEYER, FRITZ – *Insolvenzrecht*, 3ª ed., 2003.
HOHL, PATRICK – *Private Standardsetzung im Gesellschafts- und Bilanzrecht*, 2007.
HOLGATE, PETER – *Accounting Principles for Lawyers*, 2006.
HOMMELHOFF – *vide* LUTTER.
HUECK, ALFRED/FASTRICH, LORENZ – em BAUMBACH/HUECK, *GmbH-Gesetz*, 18ª ed., 2006.
HUECK, GÖTZ/WINDBICHLER, CHRISTINE – *Gesellschaftsrecht*, 20ª ed., 2003.
HÜFFER, UWE – *Harmonisierung des aktienrechtlichen Kapitalschutzes/Die Durchführung der Zweiten EG-Richtlinie zur Koordinierung des Gesellschaftsrechts*, NJW 1979, 1065-1070;
    – *Aktiengesetz*, 7ª ed., 2006.
HULLE, KAREL VAN – *Fortentwicklung des Europäischen Bilanzrechts aus Sicht der EU*, em LOTHAR SCHRUFF, *Bilanzrecht unter dem Einfluss internationaler Reformzwänge* (1996), 7-26.

JÄGER, EMIL LUDWIG – *Luca Paccioli und Simon Stevin*, 1876.
JAUERNIG, OTHMAR – *Zwangsvollstreckungs- und Konkursrecht*, 18.ª ed., 1987.
JEANTIN, MICHEL – *Droit des sociétés*, 2ª ed., 1992.
JONES, EDWARD THOMAS – *English System of Bookeeping by Single or Double Entry*, s/d.

Índice bibliográfico

KALKHOF, WOLFGANG – *Neue Entwicklungen das handelsrechtlichen Rechnungslegung (4. EG-Richtlinie und Gesetzentwurf Bilanzrichtlinie-Gesetz vom 26-8-1983) und managementorientierte Informationsaufbereitung der Vermögens-, Finanz- und Erfolgslage*, 1983.

KIRNBERGER, CHRISTIAN – *Heidelberger Kommentar zum Handelsgesetzbuch / Handelrecht, Bilanzrecht, Steuerrecht*, 7ª ed., 2007.

KLEIN, BURCKHARD – *vide* WINKELJOHANN, NORBERT.

KLEIN, GÜNTER – *vide* ALBACH, HORST.

KOHLER, J. – *Lehrbuch des Konkursrechtes*, 1891.

KOLLER/ROTH/MORCK – *HGB*, 5ª ed., 2006.

KOPP, HANS-JOACHIM – *Erwerb eigener Aktien/ökonomische Analyse vor dem Hintergrund von Unternehmenverfassung und Informationseffizienz des Kapitalmarktes*, 1996.

KROPFF, BRUNO – em GESSLER/HEFERMEHL/ECKARDT/KROPFF, *Aktiengesetzkommentar*, III (1973).

KUSTERER, STEFAN – *Heidelberger Kommentar zum HGB*, 7ª ed. (2007), § 252.

LABAREDA, JOÃO – *Das acções das sociedades anónimas*, 1988.

LABAREDA, JOÃO – *Sobre a deliberação de amortização de quotas*, em *Direito societário português/Algumas questões* (1998), 231-268.

– *vide* FERNANDES, LUÍS A. CARVALHO.

LEE, GEOFFREY A. – *The Development of Double Entry*, 1984.

LEFFSON, ULRICH/RÜCKLE, DIETER/GROSSFELD, BERNHARD – *Handwörterbuch unbestimmter Rechtsbegriffe im Bilanzrecht des HGB*, 1986.

LEMARCHAND, YANNICK/PRAQUIN, NICOLAS – *Falsifications et manipulations comptables. La mesure du profit, un enjeu social (1856-1914)*, em *Comptabilité / Controle / Audit* (2005), 15-33.

LOURENÇO, SANTOS – *Das sociedades por cotas* 1, 1926.

LÜCK, WOLFGANG – *Zur Harmonisierung nationaler Rechtsvorschriften bei der Zulassung der Abschlussprüfer in der EG/Analyse des Vorschlages einer 8. EG-Richtlinie*, DB 1979, 317-324.

LÜHRMANN, VOLKER – *Bericht über die Podiums- und Plenardiskussion zum Thema Wege zu globale Bilanzierungs-Standards*, em LOTHAR SCHRUFF, *Bilanzrecht* (1996), 85-94.

LUTTER/HOMMELHOFF – *GmbH-Gesetz*, 16.ª ed., 2004.

LUTTER, MARCUS – *Europäisches Unternehmensrecht*, 4ª ed., 1996;

– (dir.) *Legal Capital in Europe*, 2006.

MACEDO, PEDRO DE SOUSA – *Manual de Direito das Falências*, vol. 1º, 1964.

MAGALHÃES, ANTÓNIO DE ASSIS TEIXEIRA DE – *Collecção de Legislação Fiscal relativa ao Real d'Agua*, 2ª ed, 1890.

MAGALHÃES, BARBOSA DE – *Código de Processo Comercial Anotado*, 3.ª ed., 1º vol., 1912.

MAIA, ANA LUÍSA FEITEIRO – *Acções próprias no contexto das normas internacionais do relato financeiro*, 2006.

MAKOWER, H. – *Das allgemeine Deutsche Handelsgesetzbuch*, 1864.

MARITZEN, LARS – *Einführung in das Internationale Bilanzrecht IAS/IFRS*, 2004.

MARQUES, A. H. DE OLIVEIRA – *Fazenda pública – Na Idade Média*, DHP II (1979), 533-535.

MARTINEZ, PEDRO SOARES – *Direito fiscal*, 7ª ed., 1993.
MERLE, PHILIPPE – *Droit commercial/sociétés commerciales*, 9ª ed., 2003 e 10ª ed., 2005.
MESTRE, JACQUES/TIAN-PANCRAZI, MARIE-EVE – *Droit commercial*, 24ª ed., 1999.
MINAUD, GÉRARD – *La comptabilité à Rome / Essai d'histoire économique sur la pensée comptable commerciale et privée dans le monde antique romain*, 2005.
MIRZA, ABBAS ALI/HOLT, GRAHAM J./ORRELL, MAGNUS – *IFRS / Workbook and Guide*, 2006.
MITCHELL, T. N. – introdução à edição bilingue anglo-latina, CICERO, *Verrines*, II, 1, 2ª ed., 1917.
MONTEIRO, ARMINDO – *Do orçamento português / Teoria geral / História / Preparação*, 2 volumes, 1921-1922.
MORCK – no KOLLER/ROTH/MORCK, *HGB*, 5ª ed., 2006.
MOSSA, LORENZO – *Trattato del nuovo diritto commerciale*, IV – *Società per azioni*, 1957.
MOXTER, ADOLF – *Zum Sinn und Zweck des handelsrechtlichen Jahresabschlusses nach neuem Recht*, FS Goerdeler (1987), 361-374.
Münchener Kommentar zum Handelsgesetzbuch, 4º vol., red. WERNER F. EBKE, 2001.

NAVARRINI, UMBERTO – *Trattato di diritto fallimentare*, 1º vol., 1939.
NETO, ABÍLIO – *Sociedades por quotas / Notas e comentários*, 1977.
NETO, OLAVO FERNANDES MAIA – *Classificação e tratamento jurídico-contabilístico das despesas com investigação e desenvolvimento*, 2005.
NIEHUS, RUDOLF J. – *Zur Transformation der 4.EG-(Bilanz-)Richtlinie in dem Mitgliedstaaten der Europäischen Gemeinschaft*, ZGR 1985, 536-566.

Ord. Afonsinas, Livro I, Tit. XXXXIIII = Ed. Gulbenkian, I, 238 ss.
Ord. Filipinas, Livro II, Tit. LII, § 5 = Ed. Gulbenkian, II e III, 484.

PACIOLI, LUCA BARTOLOMEO DE – *De divina proportionii*, ilustrada por LEONARDO DA VINCI, 1509;
– *La divina proporción*, tradução castelhana de *De divina proportionii*, por JUAN CALATRAVA, intr. ANTONIO M. GONZÁLEZ, 1991;
– *Traité des comptes et des écritures*, ed. bilingue italiana e francesa de PIERRE JOUANIQUE, com um subtítulo *Ouverture vers la comptabilité moderne / Titre Neuvième. Traité XI de la Summa de Arithmetica*, 1995;
– *Abhandlung über die Buchaltung 1494*, trad. alemã org. BALDUIN PENNDORF, 1933, reimp. 1997.
PEEMÖLLER, VOLKER H. – *Einführung in die International Accounting und Financial Reporting Standards*, no *Wiley – Kommentar zur internationalen Rechtnungslegung nach IAS/IFRS* (2005), 3-36.
PEETZ, CARSTEN – *Voraussetzungen und Folgen der Einziehung von GmbH-Geschäftsanteilen/Gesellschafts- und steuerrechtliche Gesichtspunkte*, GmbHR 2000, 749-757.
PENNDORF, BALDUIN – introdução a LUCA PACIOLI, *Abhandlung über die Buchaltung 1494*, trad. alemã, 1933, reimp. 1997.
PIMENTA, ALBERTO – *A prestação das contas do exercício nas sociedades comerciais*, BMJ 200 (1970), 11-106, 201 (1970), 5-71, 202 (1971), 5-57, 203 (1971), 5-53, 204 (1971), 5-48, 205 (1971), 5-58, 207 (1971), 5-46 e 209 (1971), 5-36.

Pozzo, Barbara – *L'acquisto di azioni proprie/ /La storia di un problema in un'analisi di diritto comparato*, 2003.

Praquin, Nicolas – *vide* Lemarchand, Yannick.

Pricewaterhouse Coopers – *Similarities and Differences / A comparison of IFRS and US GAAP*, October 2006.

Projecto de Decreto Regulamentar da Lei n° 1:995, "... elaborado por alguns professores de direito, membros da Comissão de Revisão do Código Civil, revisto no Ministério da Justiça": BMJ 25 (1951), 157-195.

Raiser, Thomas/Veil, Rüdiger – *Recht der Kapitalgesellschaften*, 4ª ed., 2006.

Rau, Virgínia – *A casa dos contos*, 1951.

Regulamento de fiscalização das sociedades anonymas, de 13-Abr.-1911 (José Relvas), CLP 1911, 2072-2077.

Rehm, Hermann – *Die Bilanzen der Aktiengesellschaften*, 1903.

Reis, Alberto dos – *Comentário ao Código de Processo Civil*, 1°, 1944.

Reis, Alberto dos/Cabral, Amaral – *Código Comercial Português*, 2.ª ed., 1946.

Reis, José Vieira dos – *Os documentos de prestação de contas na CEE e a legislação portuguesa / Análise das 4ª, 7ª e 8ª Directivas da CEE sobre as sociedades comerciais*, 1987.

Ribeiro, Aureliano Strecht – *Código Comercial Português actualizado e anotado* I, 1939.

Ringling, Wilfried – *vide* Göllert, Kurt.

Rocha, Maria Victória Ferreira da – *Aquisição de acções próprias no Código das Sociedades Comerciais*, 1994.

Rodgers, Paul – *International Accounting Standards / from UK standards to IAS*, 2007.

Rodrigues, Azevedo – *vide* Borges, António.

Rontchevsky, Nicolas – anotação ao *Code de commerce*, 102ª ed. da Dalloz (2007), colab. Éric Chevrier e Pascal Pisoni, 318-321.

Rowedder, Heinz/Bergmann, Alfred – em Rowedder/Schmidt-Leithoff, *GmbHG*, 4ª ed., 2002.

Rückle, Dieter – *vide* Leffson, Ulrich.

Salgado, António Mota – introdução à edição do CPEF de 1993 da Aequitas/Diário de Notícias.

Samoza, Francisco Salgado – *Labyrinthus creditorum concurrentium ad litem per debitorem communem inter illos causatam*.

Sampaio, Maria de Fátima Rodrigues Cravo de – *Contabilização do imposto sobre o rendimento das sociedades: análise dos métodos do imposto a pagar e da contabilização dos efeitos fiscais*, 2000.

Sanches, J. L. Saldanha – *Os IAS/IFRS como fonte do Direito ou o efeito Monsieur Jordan*, Estudos Jurídicos e Económicos em Homenagem ao Prof. Doutor António de Sousa Franco 2 (2006), 187-215.

Santarelli, Umberto – *Fallimento (storia del)*, DDP/SCom, vol. V (1990), 366-372.

Santos, Filipe Cassiano dos – *A posição do accionista face aos lucros de balanço / O direito do accionista ao dividendo no Código das Sociedades Comerciais*, 1996.

Savonne, Pierre de – *Instruction et manière de tenir livres de raison et de comptes par parties doubles*, 1567.

182   *Introdução ao Direito da prestação de contas*

SCALI, PIETRO PAOLO – *Trattato dal modo di tenere la scritura dei mercanti a partite doppie cioè all'italiana.*

SCHMALTZ, KURT – *vide* ADLER, HANS.

SCHMIDT, KARSTEN – *Handelsrecht*, 5.ª ed., 1999.

SCHÖN, SIEGFRIED – *Geschichte und Wesen der eigene Aktien*, 1937.

SCHÖNKE, ADOLF – *vide* BAUR, FRITZ.

SCHULZE-OSTERLOH, JOACHIM – *Die Rechnungslegung der Einzelkaufleute und Personenhandelsgesellschaften nach dem Bilanzrichtlinien-Gesetz*, ZHR 150 (1986), 403-433.

SCHULZE-OSTERLOH, JOACHIM – *Harmonisierung der Rechnungslegung und Kapitalschutz*, em LOTHAR SCHRUFF, *Bilanzrecht* (1996), 121-134.

SCHULZE-OSTERLOH, JOACHIM – *Jahresabschluss, Abschlussprüfung und Publizität der Kapitalgesellschaften nach dem Bilanzrichtlinien-Gesetz*, ZHR 150 (1986), 532-569.

SCHWARZ, GÜNTER CHRISTIAN – *Europäisches Gesellschaftsrecht / Ein Handbuch für Wissenschaft*, 2000.

SERRA, CATARINA – *O novo regime português da insolvência/Uma introdução*, 2004 e 2ª ed., 2006.

SEUFFERT, LOTHAR – *Deutsches Konkursprozessrecht*, 1899.

SIEGEL, STANLEY – *Harmonization and Change in Accouting Principles: A Comment on Some Important Changes in United States Accounting*, em LOTHAR SCHRUFF, *Bilanzrecht* (1996), 97-119 (118).

SILVA, AMÂNDIO FERNANDES – *Harmonização contabilística europeia*, 2003;
– *O princípio da imagem fiel (True and fair view): da harmonização contabilística europeia ao Direito contabilístico nacional*, 2006.

SILVA, JOÃO GOMES DA – *Acções próprias e interesses dos accionistas*, ROA 2000, 1221 a 1296.

SIMON, HERMANN VEIT – *Die Bilanzen der Aktiengesellschaften und der Kommanditgesellschaften auf Aktien*, 4ª ed., 1910.

SOARES, ANTÓNIO – *O novo regime da amortização de quotas*, 1988.

SOARES, MARIA ANTONIETA – *Contador-mor*, DHP II (1979), 172-173.

SOUSA, ANTONIO BAPTISTA DE – *Projecto de lei relativo à fiscalização de sociedades anonymas*, 1892.

STÜRNER, ROLF – *vide* BAUR, FRITZ.

SZLECHTER, EMILE – *Codex Hammurapi* (ed. bilingue mesapotomo-francesa), 1977.

TELLES, INOCÊNCIO GALVÃO – *Amortização de quotas*, ROA 6 (1946), 3 e 4, 64-69.

TIAN-PANCRAZI, MARIE-EVE – *vide* MESTRE, JACQUES.

TIPKE, KLAUS – *Auslegung unbestimmter Rechtsbegriffe*, em LEFFSON/RÜCKLE/GROSSFELD, *Handwörterbuch unbestimmter Rechtsbegriffe im Bilanzrecht* (1986), 1-11.

TORRES, RUI D'ABREU – *Fazenda (Conselho da)*, DHP VI (1979), 407-408.

TRUMPLER, HANS – *Die Bilanzen der Aktiengesellschaft*, 1950.

TYOVA, VIRGÍLIO DA RESSURREIÇÃO BERNARDO ADRIANO – *A prestação de contas nas sociedades comerciais / Sociedades anónimas*, 2004.

ULRICH, RUY ENNES – *Sociedades anónimas e sua fiscalização*, ROA 1941, 1, 14-27.

Índice bibliográfico

VEIL, RÜDIGER – *vide* RAISER, THOMAS.

VENTURA, RAÚL – *Auto-participação da sociedade: as acções próprias*, ROA 1978, 217-277;
– *Adaptação do Direito português à Segunda Directiva do Conselho da Comunidade Europeia sobre o Direito das sociedades*, DDC 3 (1980), 5-152;
– *Sociedades por Quotas*, vol. I, 1987, e 2ª ed., 1989;
– *Acções próprias*, em *Estudos vários sobre sociedades anónimas* (1992), 337-408.

VISCONDE DE CARNAXIDE – *Sociedades Anonymas / Estudo thecnico e pratico de direito interno e comparado*, 1913.

WESTERMANN, HARM PETER – *Einziehung und Abfindung* (§ 34 GmbHG), FS 100 Jahre GmbH-Gesetz (1992), 447-472.

WIEDEMANN, HARAD – *Entwicklung internationaler Prüfungs-Standards*, em LOTHAR SCHRUFF, *Bilanzrecht* (1996), 149-196.

WIEDEMANN, HARALD – *Bilanzrecht/Kommentar zu den §§ 238 bis 342a HGB* (1999), § 238.

WIESNER – *vide Münchener Handbuch*.

WINDBICHLER, CHRISTINE – *vide* HUECK, GÖTZ.

WINKELJOHANN, NORBERT/GEISSLER – *Beck'scher Bilanz-Kommentar*, 6ª ed., 2006.

WINKELJOHANN, NORBERT/KLEIN, BURCKHARD – no *Beck'scher Bilanz-Kommentar / Handbuch und Steuerbilanz*, 6ª ed., 2006.

WINNEFELD, ROBERT – *Bilanz-Handbuch / Handels- und Steuerbilanz Rechtsformspezifisches Bilanzrecht, Bilanzielle Sonderfragen, Sonderbilanzen IFRS/IAS/US-GAAP*, 4ª ed., 2006.

WOLFF, LUTZ-CHRISTIAN – *Das Schicksal eingezagener GmbH-Geschäftsanteile und alternative Satzungsregelungen*, GmbHR 1999, 958-963.

WYSOCKI, K. VON – *Zur endgültigen Fassung der 7. und 8. Eg-Richtlinie*, DB 1979, 1472-1473.

XAVIER, VASCO LOBO – *Falência*, Pólis, 2º vol. (1984), 1363-1367.

ÍNDICE IDEOGRÁFICO

acções próprias, 126
advertências, 5
amortização de quotas, 139
Antigo Testamento, 17
APOTEC, 41

balanço, 78
Bankruptcy, 57
Bilanzrecht, 11

capitais próprios, 113
Cicero, 18
codificações, 21
Código da Insolvência, 60
Código de Hamurabi, 16
Código Ferreira Borges, 44
Código Veiga Beirão, 46
comparabilidade, 89
Conselho da Fazenda, 42
consistência, 92
constituição financeira, 113
contabilidade
    – Grécia Antiga, 17
    – moderna, 42
    – origem, 16
    – Roma, 17
contador-mor, 42
contas
    – exteriorização, 73
    – funções, 71
continuidade, 91
contribuição industrial, 68
crash de 1891, 49
crimes da insolvência, 62
cruzamentos dogmáticos, 164
custo histórico, 93

directrizes de prestação de contas, 35
distribuição de bens aos sócios, 118

escrita, 15
escrituração comercial, 75
especialização, 92
Estado Novo, 51

falência
    – evolução portuguesa, 58
    – tradições estrangeiras, 56
FASB, 27
fiabilidade, 88
fiscalização
    – papel, 49
    – tributária, 66
Frei Luca de Pacioli, 19

GAAP, 27, 39

Hugh Oddcastle, 24

IAS, 29, 38
IASB, 31
IASC, 29
IES, 111
IFAC, 29
IFRS, 31
índice
    – bibliográfico, 175
    – de jurisprudência, 169
    – geral, 7
    – ideográfico, 185
    – onomástico, 171
informação auditada, 162
insolvência dolosa, 62

insolvência negligente, 63
Institute of Accounting, 25
IRC, 96
IVA, 99, 100

Lei de 22-Jun.-1867, 44
Leonardo de Pisa, 19
liquidação de quota, 150
Livros de contas, 44, 46, 75
lucro normal, 66
lucro real, 68
lucros não distribuíveis, 120

Marquês de Pombal, 41
materialidade, 95
multidisciplinariedade, 168
Mundo Antigo, 16
Mundo Moderno, 19

NIC, 38, 39, 80

partidas dobradas, 19, 43
POC, 79, 83, 86, 91, 95
prestação de contas
  – aspectos mobiliários, 153
  – dever de, 106
  – e fiscalização, 106
  – escopo, 103

– evolução, 15
– experiência anglo-saxónica, 24
– experiência portuguesa, 41
– interpretação, 167
– nas sociedades, 109
– natureza, 104
– no Direito das sociedades, 103
– normas, 78
– objectivos, 86
– papel, 13
– perspectivas dogmáticas, 163
– princípios, 85
– regras europeias, 33
– regras internacionais, 29
princípios contabilísticos, 91
princípios gerais de contabilidade, 26
prudência, 93

reforma das sociedades de 2006, 75, 84
reforma tributária
  – anos, 69
  – 1929, 66
regras fiscais, 96
reservas legais, 125
reservas não distribuíveis, 120
reservas ocultas, 121

Visconde de Carnaxide, 49, 50